O GUIA DEFINITIVO DA
GEOMETRIA SAGRADA COM CRISTAIS

Transforme a sua vida usando o poder energético dos cristais

JUDY HALL

Tradução
Denise de Carvalho Rocha

Editora
Pensamento
SÃO PAULO

Título original: *The Ultimate Guide to Crystal Grids*.
Copyright do texto © 2018 Judy Hall
Copyright da edição original © 2018 Quarto Publishing Group USA Inc.
Copyright da edição brasileira © 2018 Editora Pensamento-Cultrix Ltda.

Publicado pela primeira vez em 2018 por Fair Winds Press, uma divisão da The Quarto Group, 100 Cummings Center, Suite 265-D, Beverly, MA 01915, USA

1ª edição 2018.

2ª reimpressão 2022.

Todos os direitos reservados. Nenhuma parte deste livro pode ser reproduzida ou usada de qualquer forma ou por qualquer meio, eletrônico ou mecânico, inclusive fotocópias, gravações ou sistema de armazenamento em banco de dados, sem permissão por escrito, exceto nos casos de trechos curtos citados em resenhas críticas ou artigos de revista.

A Editora Pensamento não se responsabiliza por eventuais mudanças ocorridas nos endereços convencionais ou eletrônicos citados neste livro.

Design: Samantha J. Bednarek
Imagem da capa: Michael Illas Photography
Projeto gráfico: Samantha J. Bednarek
Ilustrações: Holly Neel
Fotografias: Michael Illas Photography, com exceção das pp. 85 (as duas de baixo), 145 (canto superior direito), 161 (canto inferior direito) Judy Hall; p. 103 (canto superior direito/as duas de baixo) Jeni Campbell; pp. 71, 85 (as duas de cima), 89, 93, 97, 103 (canto superior esquerdo), 121, 145 (canto superior esquerdo/as duas de baixo), 149, 161 (as duas de cima/ canto inferior esquerdo), 167 shutterstock.com

Advertência: As informações contidas neste livro não pretendem substituir o tratamento médico nem podem ser usadas como base para um diagnóstico. As propriedades terapêuticas apresentadas servem apenas como uma orientação e, em sua maior parte, baseiam-se em relatos de casos e/ou uso terapêutico tradicional. Se você tiver alguma dúvida sobre o uso das pedras, consulte um especialista em cura com cristais. No contexto deste livro, a doença é uma indisposição, a manifestação final do estresse ou desequilíbrio espiritual, ambiental, psicológico, kármico, emocional ou mental. A cura significa recuperar o equilíbrio da mente, do corpo e do espírito e facilitar a evolução da alma; não implica a cura da doença. De acordo com o consenso relativo à cura com cristais, todas as pedras são chamadas de cristais, quer tenham ou não uma estrutura cristalina.

Editor: Adilson Silva Ramachandra
Editora de texto: Denise de Carvalho Rocha
Coordenação editorial: Roseli de S. Ferraz
Produção editorial: Indiara Faria Kayo
Editoração eletrônica: Join Bureau
Revisão: Vivian Miwa Matsushita

Dados Internacionais de Catalogação na Publicação (CIP)
(Câmara Brasileira do Livro, SP, Brasil)

Hall, Judy

O guia definitivo da geometria sagrada com cristais: transforme a sua vida usando o poder energético dos cristais/Judy Hall; tradução Denise de Carvalho Rocha. – São Paulo: Pensamento, 2018.

Título original: The ultimate guide to crystal grids.
ISBN 978-85-315-2021-1

1. Cristais – Aspectos psicológicos 2. Cristais – Uso terapêutico 3. Pedras preciosas – Uso terapêutico I. Rocha, Denise de Carvalho. II. Título.

18-14645   CDD-133.2548

Índices para catálogo sistemático:
1. Cristais : Uso terapêutico : Esoterismo 133.2548
Iolanda Rodrigues Biode - Bibliotecária - CRB-8/10014

Direitos de tradução para o Brasil adquiridos com exclusividade pela
EDITORA PENSAMENTO-CULTRIX LTDA., que se reserva a
propriedade literária desta tradução.
Rua Dr. Mário Vicente, 368 – 04270-000 – São Paulo – SP
Fone: (11) 2066-9000
http://www.editorapensamento.com.br
E-mail: atendimento@editorapensamento.com.br
Foi feito o depósito legal.

DEDICATÓRIA

Para os amantes de cristais do mundo todo

SUMÁRIO

INTRODUÇÃO 006

CAPÍTULO 1
A linguagem da criação
010

CAPÍTULO 2
Preparação e montagem
de uma grade
026

CAPÍTULO 3
Os chakras e a aura
042

CAPÍTULO 4
Grades básicas
050

CAPÍTULO 5
Grades avançadas
074

CAPÍTULO 6
Grades específicas
110

- PESSOAL 112
- CASA E AMBIENTE 162
- CURA À DISTÂNCIA 174
- CURA DA TERRA 180

GLOSSÁRIO 182

RECURSOS 184

AGRADECIMENTOS 186

SOBRE A AUTORA 186

ÍNDICE DAS GRADES DE CRISTAIS 187

ÍNDICE 188

INTRODUÇÃO
AS POSSIBILIDADES DOS CRISTAIS

"Se quer encontrar os segredos do universo, pense em termos de energia, frequência e vibração." – Nikola Tesla

AS GRADES DE CRISTAIS sintetizam as poderosas vibrações cristalinas e a energia da geometria sagrada. Simplificando, são tecnologia energética em ação. Cada grade tem uma ressonância harmônica única. Quando estamos dentro de uma grade de cristais, sentimos a matriz criativa do universo se manifestando. Sentir a energia de uma grade pode ser uma experiência vigorosa, revigorante e expansiva – ou profundamente pacífica, capaz de nos levar a um estado de total quietude e suprema união. Tudo depende da nossa intenção ao criar a grade.

O GRADEAMENTO DE CRISTAIS

As grades sustentam o mundo. Elas podem ser vistas em toda a natureza: na espiral perfeita de um girassol ou de uma pinha, nas curvas precisas de uma amonita, nas células de um favo de mel ou na beleza oculta de um floco de neve. Estão também na estrutura interna reticulada dos cristais e do corpo humano. Como uma espécie de cola cósmica, as grades suportam os mundos visível e invisível. Nas palavras de Drunvalo Melchizedek, autor de *O Antigo Segredo da Flor da Vida* (Editora Pensamento), são a "arquitetura do universo". Quando começar a procurá-las, você as verá em tudo. Por exemplo, na difração por raios X o cristal de Berilo exibe o padrão da Flor da Vida dentro da sua estrutura atômica. Corte uma maçã na horizontal e você verá um pentagrama. E as câmaras internas do *nautilus* formam uma espiral progressiva perfeita, que cresce num ritmo constante, enquanto sua concha vai se adaptando a essa expansão.

> "A própria vida, como a conhecemos, está inextricavelmente interligada às formas geométricas, desde os ângulos das ligações atômicas nas moléculas dos aminoácidos, as espirais helicoidais do DNA e o protótipo esférico das células até as primeiras células de um organismo que assume formas vesicais, tetraédricas e tetraédricas estelares (duplas)..."
> – Bruce Rawles

As grades de cristais são instrumentos poderosos porque lançam mão da própria energia de manifestação da natureza. E a combinação de vários cristais numa grade exerce um impacto muito maior do que um único cristal. Seja a grade feita com um único tipo de cristal ou com dois ou vários tipos, a sinergia das vibrações cristalinas com o campo de força subjacente, imbuído da nossa intenção pessoal, torna-a incrivelmente poderosa.

Embora a grade pareça ter uma forma plana, unidimensional, ela na verdade cria uma rede energética multidimensional no espaço em que foi montada. Esse campo de força aumenta sua intenção exponencialmente. Uma pequena grade na forma de triângulo, por exemplo, purifica e protege energeticamente uma casa inteira, enquanto uma espiral simples irradia uma abundante energia de prosperidade a partir do seu centro. Um hexagrama traçado sobre a fotografia de uma pessoa lhe transmite energia de cura à distância.

Um tecido ou fundo colorido sob a grade aumenta ainda mais seu poder. Use materiais naturais sempre que possível, como madeira, linho, algodão, ardósia ou pedra, pois eles ajudarão a aterrar e renovar a energia da grade (embora a cor do tecido seja mais importante de que o material do qual ele é feito).

O PROPÓSITO DE UMA GRADE

As possibilidades de uma grade são infinitas. Elas podem ser grandes ou pequenas e podem ficar dentro de casa, ao redor do corpo ou ao ar livre. Lembre-se de que a rede energética de uma grade se espalha muito além da própria grade, portanto o tamanho dela não é importante. Mesmo uma grade pequena pode ser muito poderosa. E as grades oferecem inúmeros benefícios. Podem criar abundância, proteger um espaço e neutralizar detritos tóxicos. Podem atrair o amor para a sua vida ou enviar perdão e intenção de cura. Podem promover a paz mundial ou ajudar a recuperar uma floresta devastada ou reverter os efeitos de uma catástrofe natural.

As grades também estabilizam e purificam a energia, e são valorizadas pelos seus efeitos benéficos no campo da energia humana. Elas desbloqueiam e equilibram os chakras e a aura,

---

Grade de cristais

Baseada na dinâmica da energia sutil da geometria sagrada, a grade de cristais é um padrão preciso obtido quando se usa o poder dos cristais com a finalidade de obter um determinado resultado ou para a limpeza e proteção de um espaço.

dispersando energias insalubres e promovendo bem-estar. Podem ser usadas para relaxamento, purificação emocional, sustentação ou cura profunda, ou para se obter resultados mais específicos, como combater a insônia ou dores de cabeça, ou os efeitos prejudiciais de campos eletromagnéticos. Grades criadas para um resultado específico como esses podem ser mantidas no lugar por longos períodos, desde que os cristais passem por uma limpeza regularmente.

Porém, não existem respostas prontas quando se trata de saber quanto tempo deve-se deixar uma grade montada no lugar ou qual a melhor grade em cada caso. Confie em si mesmo. Seja qual for a grade que lhe atraia, essa é a grade certa para você. E qualquer grade que lhe pareça "correta", do ponto vista energético, trará o melhor resultado no seu caso. Não hesite em criar ou modificar uma grade para atender às suas necessidades, se a sua intuição lhe disser que isso seria mais benéfico. Depois que uma grade concluir seu trabalho, agradeça a ela e em seguida desmonte-a. (Consulte pp. 28 a 39 para saber como montar e manter a sua grade.)

INTENÇÃO

A intenção clara é a chave para o sucesso de um gradeamento, assim como sustentar ou manter essa intenção enquanto a grade estiver montada. A intenção é o que dá poder aos cristais e ativa a grade. Uma vez ativada, você não deve mais interferir, o que não significa que pode deixá-la entregue à própria sorte depois de ativá-la. Ainda é importante que você preste atenção em como sua intenção se mantém ao longo do tempo – sem se focar nela o tempo todo nem projetá-la no futuro – e que faça uma limpeza na grade regularmente. Você saberá quando for preciso limpar a grade, reorganizar os cristais ou adicionar ou subtrair alguns deles, porque notará que a energia parece se dissipar em vez de aumentar com o passar do tempo. (Para saber como limpar sua grade, ver p. 28.) Se isso ocorrer, limpe os cristais, adicione ou subtraia alguns, se necessário, e recarregue-os com a sua intenção. Não existe um tempo certo para se fazer isso. Simplesmente continue ciente da sua intenção e tenha certeza de que a sua intuição lhe dirá quando uma limpeza for necessária. (Depois da limpeza, você poderá notar um aumento imediato, ou gradativo, na energia dos cristais, à medida que a grade se modifica para se adaptar às mudanças.)

INTUIÇÃO

A montagem de grades ajuda você a desenvolver a sua intuição, ou seja, a sua "visão interior", que simplesmente *sabe* das coisas. A intuição o ajuda a reconhecer o posicionamento mais apropriado de cada cristal ou qual a melhor grade no seu caso, porque ela está em sintonia com a capacidade inata (mas geralmente inconsciente até ser desenvolvida) que o seu corpo tem de "ler" as energias. Assim, quanto mais você confiar na sua intuição ao selecionar ou usar os cristais, mais forte ela ficará. No seu trabalho com cristais, sempre ouça o seu coração, a sede da intuição, não a sua cabeça.

COMO USAR ESTE LIVRO

Este livro foi concebido para ser um roteiro, um guia, para todos que querem usar o poder fenomenal dos cristais, combinado com o da geometria sagrada. Quanto mais praticar, mais eficiente você ficará. Portanto, cada vez que iniciar um novo projeto, crie uma grade. Sempre que se sentir indisposto, ansioso ou irritado, crie uma grade. Se quiser obter um determinado resultado, crie uma grade. Se quiser proteger o seu espaço ou promover a paz mundial, crie uma grade. Você encontrará, ao longo deste livro, muitos exemplos e sugestões para orientá-lo. Você pode posicionar os seus próprios cristais sobre as imagens apresentadas ou criar grades que sejam mais apropriadas no seu caso. À medida que se familiarizar com a técnica, vai se sentir à vontade para adaptar as grades básicas ou usar as mais avançadas, se quiser. E caso se depare com termos desconhecidos ao longo da leitura, verifique o Glossário da p. 182. Seja o que for que você faça, sempre ative suas grades com a intenção focada e você verá, com um sentimento de assombro e gratidão, os resultados ocorrendo diante dos seus olhos!

CAPÍTULO UM

A LINGUAGEM DA CRIAÇÃO

GEOMETRIA SAGRADA: OS COMPONENTES DO UNIVERSO

"A geometria sagrada é a linguagem primordial, ou a linguagem da criação, um modelo de perfeição que simplesmente significa o plano ou projeto pretendido. Trata-se de uma linguagem universal que lembra quem éramos e quem somos. A geometria sagrada pode nos ajudar a entrar em sintonia com o nosso verdadeiro propósito e caminho na vida."
– Drunvalo Melchizedek

A órbita de Vênus como vista da Terra

A geometria sagrada é a estrutura arquitetônica da vida – a forma pela qual a criação se organiza e a base sobre a qual o mundo natural inteiro está construído. Poderíamos chamá-la de código universal, visto que todos os padrões naturais de crescimento seguem uma ou várias formas geométricas. Por meio da geometria sagrada, descobrimos a proporção, o equilíbrio e a harmonia que existem em qualquer situação, em toda realidade manifesta e na vida cotidiana. A geografia sagrada, a interação entre a geometria sagrada e a matéria, descreve a estrutura fundamental do espaço, do tempo e de tudo que existe entre o espaço e a matéria.

Isso significa que a geometria sagrada está profundamente enraizada na memória das nossas células e no universo à nossa volta. Em tempos antigos, a matemática era ao mesmo tempo uma ciência sagrada e uma arte que encerrava os segredos dos mundos divino e natural. Hoje, a geometria sagrada é o que herdamos desse conhecimento. Ela engloba as proporções naturais que são agradáveis aos olhos e causam uma sensação de equilíbrio e harmonia em quem a vê. (E as grades de cristais lançam mão desse poder.) Ela também está presente nos ciclos e órbitas dos planetas que nos rodeiam. Vênus, por exemplo, visto a partir da perspectiva da Terra, mostra um belo padrão de múltiplas camadas ao longo de um período de oito anos.

Veja a seguir algumas das principais figuras da geometria sagrada.

Flor da Vida sem bordas

Flor da Vida com bordas

FLOR DA VIDA: CÍRCULOS DA MENTE CÓSMICA

A Flor da Vida, tão antiga quanto o próprio tempo, é um dos exemplos mais importantes da geometria sagrada. Na verdade, ela retrata a geometria do tempo e do espaço, e abrange os principais elementos básicos da vida. A Flor da Vida é composta por dezenove círculos sobrepostos e de raios iguais, com os círculos exteriores dispostos ao redor de um círculo central, criando "pétalas" semelhantes às de uma flor. Pode-se expandir a Flor da Vida infinitamente, adicionando-se círculos sobrepostos que se irradiam do centro. Esse desenho está gravado nos pilares do grande Templo de Osíris, em Abidos, no Egito, uma estrutura cujas origens se perderam no tempo, pois é anterior ao último templo construído sobre ele. Embora não se possa afirmar que a Flor da Vida seja contemporânea a essa antiga obra da engenharia cósmica egípcia (os pilares têm mais de 5 mil anos), essa é uma possibilidade. Quanto à gravura em si, a hipótese mais provável é a de que ela tenha sido feita entre 500 e 300 a.C. Só sabemos com certeza que a Flor já era conhecida pelo matemático grego Pitágoras (570 a 495 a.C.), grande conhecedor do Egito.

Todos os templos egípcios, bem como os orientais, as sinagogas e, posteriormente, as igrejas, ao longo das eras, foram construídos de acordo com proporções divinas sagradas e imutáveis. E essas proporções derivavam da Flor da Vida e da Proporção Áurea (às vezes conhecida como Número Áureo ou Seção Áurea), conceitos da geometria sagrada. Na sua forma mais simples, a Proporção Áurea é calculada dividindo-se uma reta em dois segmentos, de modo que o mais longo, dividido pelo segmento menor, seja igual ao comprimento total da reta, dividido pelo segmento mais longo. A Proporção Áurea é simbolizada pela letra grega *phi*. A partir dessa divisão simples, podem ser criadas figuras geométricas cada vez mais complexas, como a espiral e o dodecaedro (uma forma tridimensional com doze faces planas de cinco lados iguais).

O próprio Templo de Osíris é um lugar de rituais anuais de renascimento e renovação, um monumento a Osíris, o Senhor dos Mortos egípcio, também deus da fertilidade. A chegada da inundação anual do Nilo e o subsequente recuo das águas deixavam no lodo sedimentos que renovavam as terras para o plantio.

FORMAS DENTRO DA FLOR

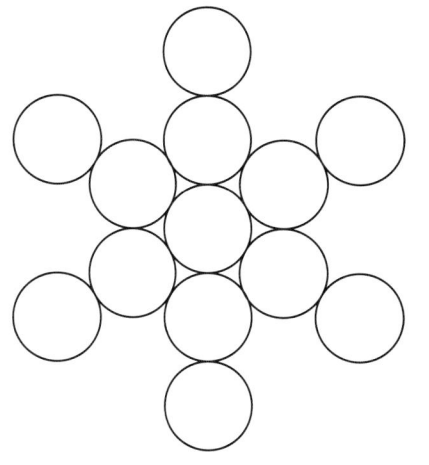
Fruto da vida

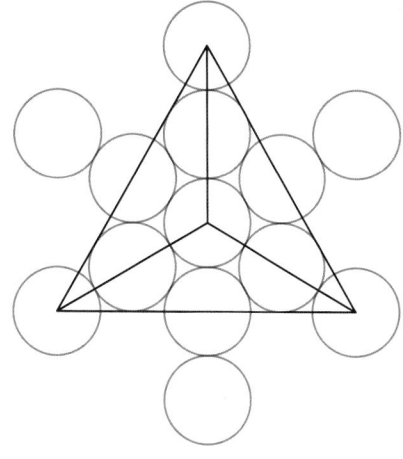
Tetraedro

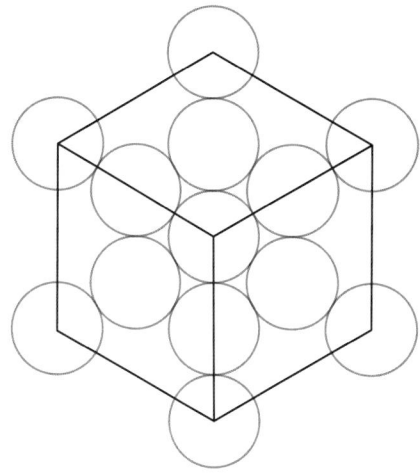
Hexaedro

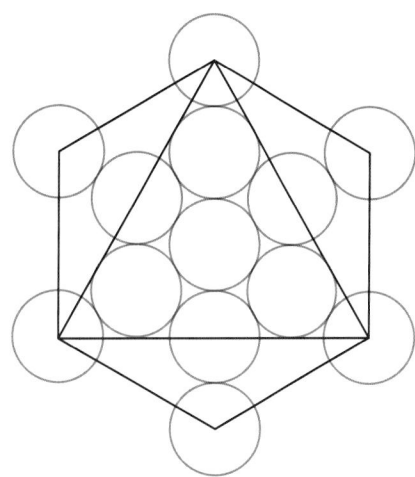
Octaedro

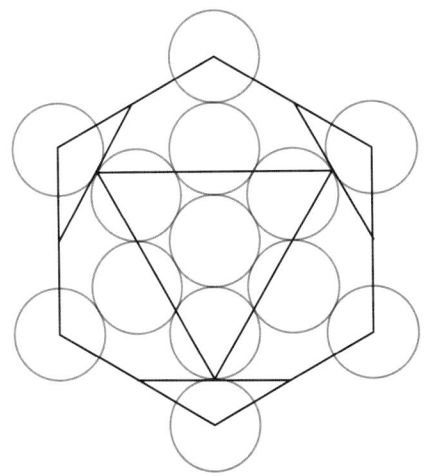
Dodecaedro

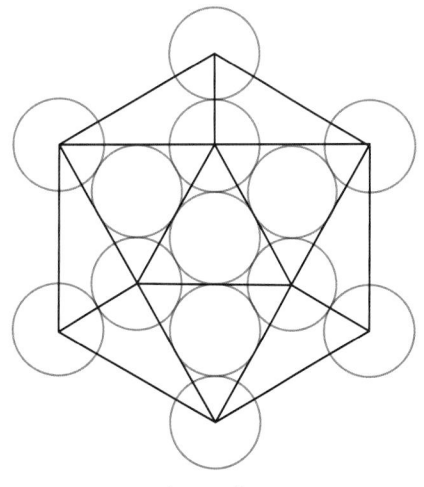
Icosaedro

A LINGUAGEM DA CRIAÇÃO | 13

A Semente da Vida (ver p. 136)

Cubo de Metatron (ver p. 82)

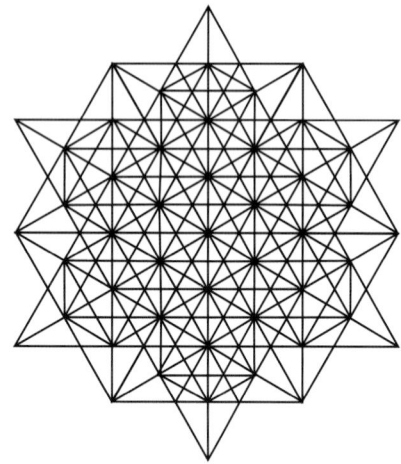
Estrela de Doze Pontas

Merkabah (ver p. 86)

Apesar da construção da Barragem de Assuã, criada para conter a inundação anual, as águas ainda inundam as câmaras agora subterrâneas do Templo de Osíris e depois recuam, deixando à mostra suas colunas ocultas e franqueando acesso ao coração dos mistérios.

Esse ciclo eterno e restaurador se reflete nos círculos da Flor da Vida, que contém a Semente da Vida, o Fruto da Vida, a *Vesica Piscis*, a Árvore da Vida, o Merkabah, o Cubo de Metatron e os sólidos platônicos. Essas e outras grades serão usadas ao longo deste livro.

A forma básica da Flor da Vida é o círculo.

CÍRCULO

O círculo é a forma pura, sem começo nem fim. É a origem de tudo. Na geometria sagrada, representa a unidade e a integridade. Divida o círculo, ou replique-o, e você terá o início de uma grade. A *Vesica Piscis* (ver p. 52) é formada por dois círculos interligados; a partir dele, todas as outras formas podem ser criadas. Na verdade, o olho humano é uma *Vesica Piscis* natural, através do qual percebemos o mundo que nos rodeia.

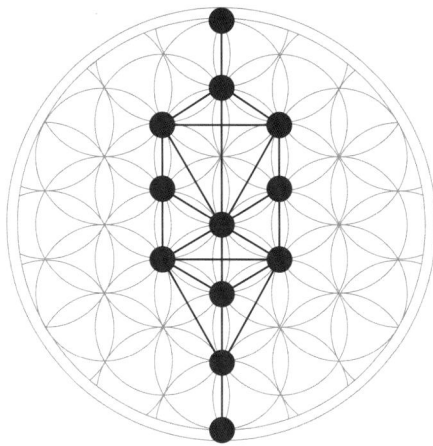

Árvore da Vida (ver p. 80)

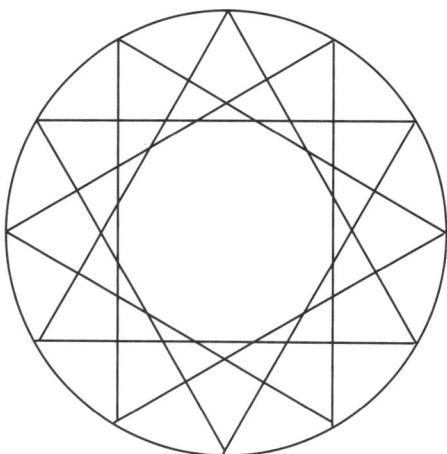

Merkabah duplo (ver p. 90)

A *Vesica Piscis* também representa a energia feminina. Quando um esperma perfura o óvulo e a concepção ocorre, a célula se divide primeiro em *Vesica Piscis* e, em seguida, cria uma Semente da Vida (ver p. 136).

TRIÂNGULO

De acordo com Euclides, matemático grego do século III a.C., o triângulo foi a primeira forma primordial, embora seja construído dentro da *Vesica Piscis*. De fato, o triângulo é o cerne do mundo dos cristais e dos elementos. O triângulo equilátero – isto é, um triângulo com lados e ângulos iguais – dá origem a cinco formas poliédricas regulares: os sólidos platônicos (ver p. 16), que se combinam para formar as estruturas interconectadas do cristal (ver p. 22). Para os gregos antigos, essas formas simbolizavam os elementos Fogo, Terra, Ar, Água e

---

Guia básico das formas

Praticamente toda a geometria sagrada é fundamentada em formas simples e básicas que, interligadas, apresentam uma complexidade cada vez maior. Um círculo é um perímetro, por exemplo, mas se torna uma grade quando dois ou mais círculos são unidos ou sobrepostos. Cada forma tem um propósito específico e um significado:

- **Círculo:** unidade, conclusão, proteção, fronteira, iniciação, cura
- **Cubo:** limita e delineia, inerentemente estável
- **Esfera:** todo-abrangente, inerentemente instável
- **Espiral:** energia num vórtice, contração, irradiação ou liberação de energia
- **Hexagrama (estrela de seis pontas):** proteção, reequilíbrio de energia, consolidação, união do coração e da mente, acima e abaixo
- **Pentáculo (estrela de cinco pontas):** extração de energia, proteção mágica, conexão dos elementos
- **Pentágono (polígono de cinco lados):** estabilidade, limpeza, completude, os elementos
- **Pirâmide:** criação, renascimento, viagem fora do corpo
- **Quadrado:** consolidação, estabilidade, força, proteção
- **Triângulo:** proteção, manifestação, criação, integração

Espírito ou Éter. Outro matemático grego, Arquimedes, expandiu posteriormente os cinco sólidos platônicos em treze formas complexas primitivas, usando triângulos isósceles, pentágonos e hexagramas. Mas você pode se surpreender com a informação de que algumas dessas formas primais já foram identificadas na Escócia mais de mil anos antes, onde surgiram como "petrosferas" de pedra esculpida. Parece que realmente não existe nada novo sob o sol!

ESPIRAIS

As espirais são a gênese da vida. Elas aparecem no centro dos girassóis, no desenho de um fóssil de amonita ou na concha viva de um *Nautilus*. As espirais são produto da Proporção Áurea (saiba mais sobre isso adiante). Sua forma helicoidal cria um vórtice energético que gira para dentro ou para fora, no sentido horário ou anti-horário. Associadas ao ônfalo, o ponto central ou umbigo da terra, e com os ciclos naturais, são esculpidas em monumentos antigos em todo o mundo. As espirais também servem para medição astronômica, inclusive para o traçado dos ciclos do sol, da lua e dos planetas.

SÓLIDOS PLATÔNICOS: OS TIJOLOS DA VIDA

Os antigos gregos chamavam os sólidos platônicos de as "cinco formas perfeitas" e acreditavam que eles eram os principais padrões por trás da criação física. Na década de 1980, o professor Robert Moon, da Universidade de Chicago, descobriu que os sólidos platônicos são, na verdade, a base de toda a tabela periódica. Isso significa que, literalmente, tudo no universo físico é baseado nessas cinco formas, que se encaixam perfeitamente na afirmação grega antiga de que os sólidos são os quatro elementos que sustentam o mundo físico, enquanto um quinto elemento – o éter, ou força vital –, confere vida ao todo.

Uma grade contendo uma das formas fundamentais incorpora suas qualidades e elementos específicos no processo de manifestação. Os sólidos platônicos são:

Octaedro: ar, manifestação perfeita
Icosaedro: água, expansão, fluxo
Tetraedro: fogo, criação, destruição, renovação
Cubo: Terra, estabilidade
Dodecaedro: espírito/éter, o universo, a natureza divina

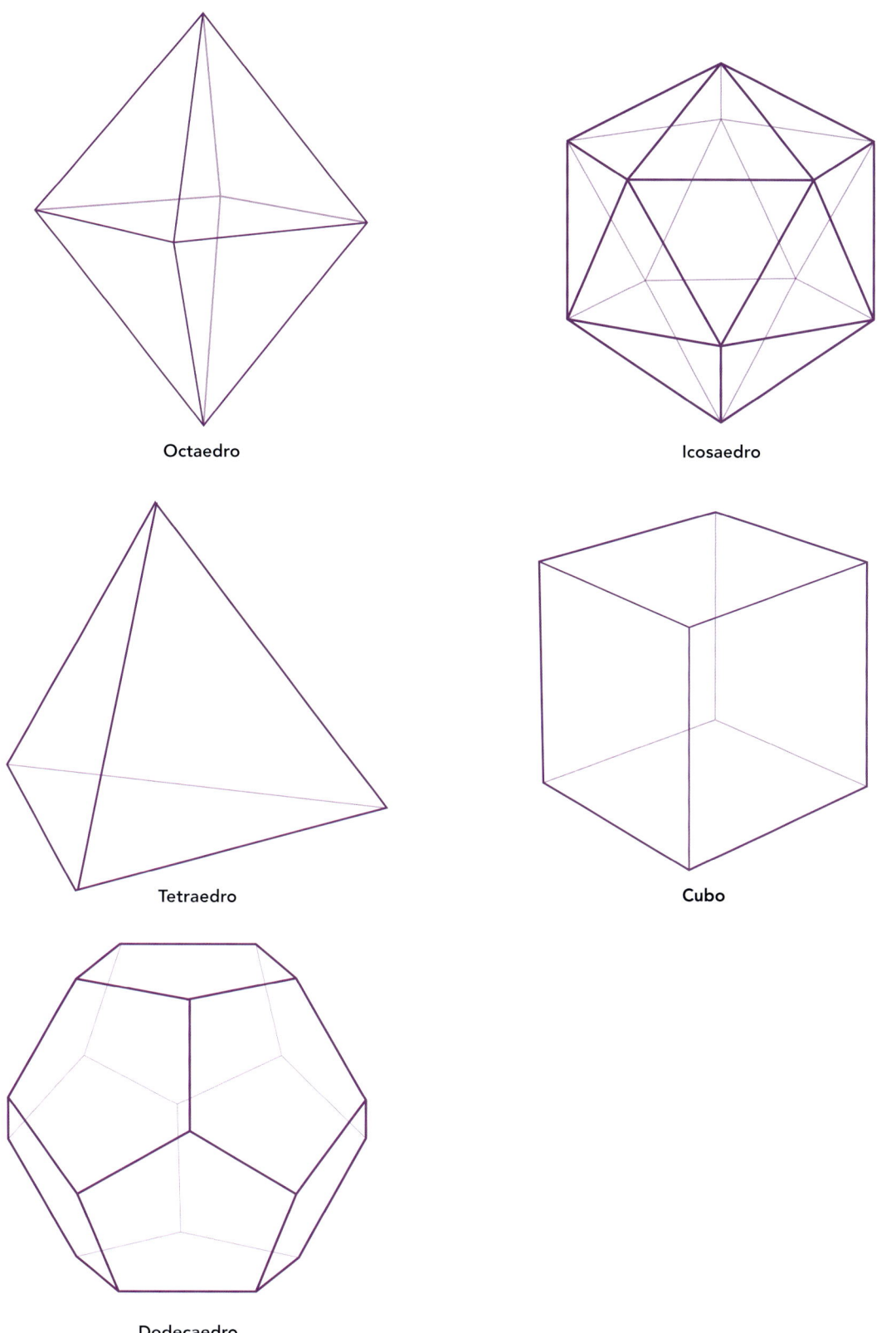

Octaedro

Icosaedro

Tetraedro

Cubo

Dodecaedro

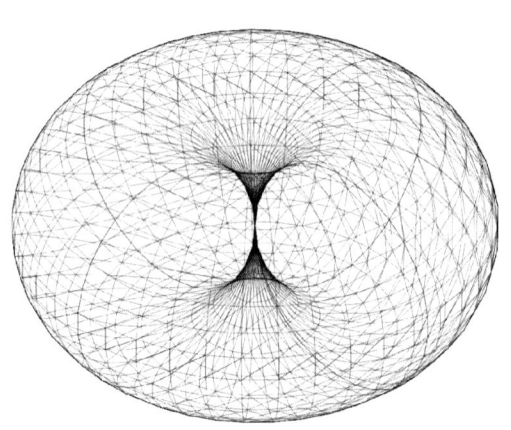
Toro, perfil lateral

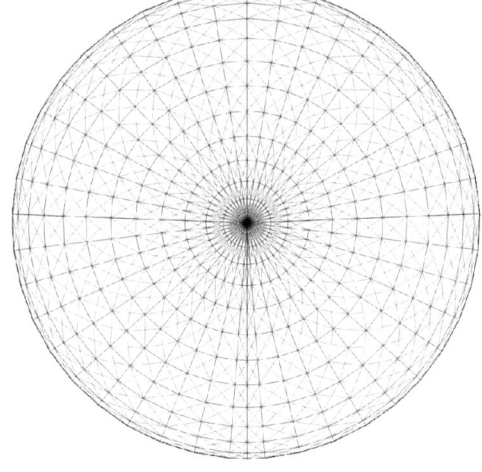
Toro, visto de cima

TORO

No gradeamento, o toro é um padrão de energia em forma de anel, criado por um número infinito de círculos em torno de um eixo central. Ele descreve a forma como a energia flui para fora e em torno de um núcleo central. O campo magnético da Terra, por exemplo, produz um toro. As ondas que fluem do planeta são contidas e retornam, em vez de fluir para o espaço, e o resultado parece muito com a fotografia Kirlian do padrão energético em torno de um cristal – ou do campo de energia humano. A energia circula em torno da grade de maneira semelhante, concentrada em torno da pedra central.

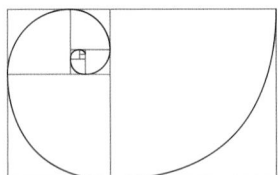
Espiral da Proporção Áurea

A SEQUÊNCIA DE FIBONACCI, A PROPORÇÃO ÁUREA E A ESPIRAL DA PROPORÇÃO ÁUREA

Em 1202, Leonardo de Pisa, também conhecido como Fibonacci, publicou um livro intitulado *Liber Abaci*, apresentando ao mundo ocidental o que viria a ser conhecido como sequência de Fibonacci. A sequência de Fibonacci é uma sequência de números inteiros em que cada termo corresponde à soma dos dois termos anteriores: 1, 2, 3, 5, 8, 13, 21, 34, 55 e assim por diante. Quando qualquer número da sequência é dividido pelo número que lhe precede na sequência, o resultado é próximo a 1,618803 ou *phi* – ou Proporção Áurea. Conhecida até mesmo pelas primeiras civilizações, a Proporção Áurea foi apelidada de "impressão digital da criação" porque muitas construções e formações naturais são baseadas nela. Ele dá origem a uma arquitetura harmoniosa – que é um dos elementos fundamentais da Arquitetura Sagrada – e é um padrão estrutural que ocorre ao longo de todo o crescimento das plantas. No entanto, essa Proporção Áurea produz algo ainda muito mais fundamental para os organismos vivos: o próprio ácido desoxirribonucleico (DNA). E gera também a espiral de Proporção Áurea, construída com retângulos áureos, ou Espiral Áurea, que serve de base para uma grade de controle de energia extremamente poderosa (ver p. 67)

Em seguida, veremos como a cor e a forma de um cristal expressam suas propriedades e como elas influenciam no gradeamento.

AQUARELA NATURAL: A ARTE DAS CORES

"Investigue a natureza em profundidade e você vai entender melhor todas as coisas."
– Albert Einstein

Os cristais são encontrados em todas as cores do arco-íris e em todos os matizes da terra. Alguns são apenas de uma cor, outros têm várias cores. Quando a luz atinge um objeto sólido, como um cristal, ela se refrata num espectro de cores. A cor é produzida quando uma parte desse espectro é absorvida e o restante é refletido. O branco é resultado da reflexão total; o preto, da absorção total. Inclusões e fraturas na estrutura reticulada do cristal também criam jogos de cores, que variam sutilmente de acordo com os minerais e oligoelementos presentes dentro dele. Mas essas cores podem ser replicadas artificialmente e afetar tanto a "cor" percebida quanto a maneira como a energia se move através do cristal. Nossos corpos são extremamente sensíveis a essas vibrações sutis de luz e cor.

NATURAL OU TINGIDO?

Alguns cristais, como o Quartzo, podem sofrer alterações naturais em contato com os raios ultravioleta do sol, os raios gama do espaço ou a radioatividade dos vestígios de urânio (no caso do Quartzo Enfumaçado). No entanto, nem toda a alteração na cor é natural. Os cristais podem ser "alquimizados" ou tratados termicamente, receber infusões de cor ou ser tingidos. E os efeitos desses procedimentos variam. O "Citrino" amarelo-brilhante é geralmente produto do tratamento térmico da Ametista ou do Quartzo Enfumaçado. No entanto, embora ele seja brilhante e sirva bem para compor uma grade, pode lhe faltar a potência dinâmica do Citrino natural. Muitas das belas Tanzanitas violeta à venda no mercado, assim como a Turmalina Paraíba, de um tom turquesa brilhante, receberam um tratamento térmico para que sua cor ficasse mais intensa. Alguns cristais recebem uma infusão de cores para que suas propriedades sejam ampliadas e outros são "alquimizados" com metais preciosos para adquirir uma nova vibração. O tingimento de um cristal não altera suas propriedades inatas, embora possa fazê-lo parecer mais bonito, como no caso da Howlita e da Ágata. (A decisão de usar ou não cristais "tratados" como esses é uma questão de gosto pessoal e depende da intenção que você definiu para a sua grade. Nas minhas grades, eu uso alguns, como o Citrino tratado termicamente e algumas pedras alquímicas mais potentes.)

CRISTAIS ALQUÍMICOS

A alquimia dos cristais tem suas raízes na antiga busca por um método que transformasse metais básicos em ouro. A faiscante Aventurina *Goldstone*, por exemplo, composta de vidro e cobre, atrai abundância para seu portador. Os Quartzos Aura são também produzidos alquimicamente. Metais preciosos como o ouro, o índio e o titânio são ligados eletrostaticamente à superfície do Quartzo e a cristais semelhantes, para produzir um efeito cintilante. Esses cristais alquímicos, que combinam as propriedades terapêuticas do cristal e do metal, podem ser poderosos agentes de cura, capazes de criar grandes mudanças vibracionais. Mas o mesmo não se pode dizer dos cristais que foram tingidos ou melhorados artificialmente.

O EFEITO DA COR

A cor causa uma alteração sutil na maneira como um cristal atua numa grade. Cores vibrantes e "quentes" energizam e estimulam, enquanto as mais pálidas tendem a ser calmantes e "refrescantes". Compare o rosa intenso da grade da alegria e do rejuvenescimento para o ambiente (ver capa e p. 165) com a mesma grade básica que usa verdes calmantes e refrescantes em torno de rosas suaves e pálidos, para promover a tranquilidade dentro de casa (ver p. 163). Só alguns cristais foram substituídos, mas é possível ver no mesmo instante a diferença no efeito produzido pela grade.

Os cristais transparentes tanto podem energizar a grade quanto dissipar suas energias, dependendo da intenção com que foram usados. As cores escuras, por outro lado, transmutam a energia e propiciam seu acúmulo. Os cristais negros, como o Quartzo Enfumaçado ou a Shungita, possuem uma estrutura capaz de captar a energia quando a luz é absorvida. Isso significa que esses cristais atraem e retêm energias tóxicas, como a névoa eletromagnética ou o mau-olhado. Eles também aterram a grade no seu ambiente.

Na cura com cristais, cada cor está associada a um chakra e tem um propósito específico. (Para mais informações sobre chakras, ver p. 42.) Mas isso não significa que, ao montar uma grade, sempre temos que levar em conta as associações entre as cores e os chakras. Na cura com cristais e no gradeamento, algumas áreas podem precisar de um efeito sedativo e outras podem precisar de um estímulo. A escolha apropriada das cores dos cristais harmoniza o fluxo de energia, mas a cor não é o único fator que determina o modo como atua a energia de um cristal. Como veremos, a forma do cristal também influencia seu desempenho.

O ESPECTRO DE CORES DOS CRISTAIS

Negros: Os cristais negros são extremamente protetores. Eles retêm a energia negativa e a neutralizam ou a transmutam em energia positiva. Por essa razão, essas pedras são excelentes desintoxicantes. Elas também podem ajudar a identificar dons "ocultos nas sombras", ou seja, ajudar a reconhecer um potencial e oportunidades de que você pode não ter consciência. Grades de cristais negros ancoram o corpo físico e protegem o ambiente.

Amarelos: Os cristais amarelos atuam com o plexo solar e a mente, equilibrando emoção e intelecto; portanto, a grade amarela infunde clareza mental. Eles são excelentes para reduzir a depressão durante os meses frios do inverno, trazendo o calor do sol para o ambiente.

Azuis: Os cristais azuis ressoam com os chakras da Garganta, do Terceiro Olho, do Soma e do Vórtice Causal, ajudando você a se expressar, facilitando a comunicação e propiciando os estados mais elevados de consciência. Eles preparam ou projetam a energia espiritual e estimulam a intuição e a canalização. Por tradição, esses cristais evocam a ajuda dos espíritos da luz para combater a escuridão. Uma grade azul estimula a intuição e as capacidades mediúnicas, propiciando a percepção espiritual.

Bi ou multicromático: Os cristais, quando têm duas ou mais cores, ampliam as possibilidades. Quando se lança mão da sinergia entre as qualidades das cores ou dos cristais para que trabalhem holisticamente juntos, os cristais se mostram geralmente mais eficazes do que individualmente, porque suas vibrações se elevam e atingem uma frequência energética superior.

Cinzas-prateados: Os cristais metálicos e cinza-prateados possuem propriedades alquímicas de transmutação, ou seja, convertem energia negativa em positiva. São excelentes cristais para viagens, pois tradicionalmente proporcionam invisibilidade, fazendo o viajante passar despercebido e ileso. Esses cristais ressoam com os chakras da terra e são úteis para o trabalho com a Sombra. A Sombra é uma parte do Eu não assumida, reprimida, rejeitada ou isolada e, portanto, projetada em experiências externas. Ela cria em nós um "sabotador" inconsciente, frustrando nossas melhores intenções. É na Sombra que se encontram as feridas deixadas por traumas ancestrais, da infância e de vidas passadas, além dos talentos reprimidos no presente. Quando os cristais curam padrões energéticos causados por feridas emocionais, nem sempre é necessário identificar a sua fonte. A integração da Sombra por meio de terapia, trabalho xamânico ou cura com cristais confere à pessoa uma nova vitalidade emocional.

Cor de laranja: Cristais cor de laranja ativam e liberam a energia, e são úteis para construir estruturas energéticas, pois não deixam que a energia se dissipe. Muitos atraem abundância e, com sua vitalidade vibrante, estimulam a criatividade e aumentam a assertividade. A grade cor de laranja ancora projetos no mundo físico e propicia a sua conclusão. Essa cor ressoa com o chakra do Sacro.

Cor de pêssego: Os cristais cor de pêssego promovem, com sua energia suave, a união entre o chakra do Coração e o chakra do Sacro, combinando amor com ação. Use-os em grades projetadas para ajudá-lo a avançar com calma e moderação na vida.

Cor-de-rosa: Extremamente suaves, os cristais cor-de-rosa carregam a essência do amor incondicional e promovem o perdão. Em grades, eles atraem mais amor para a vida de quem os utiliza. Podem dar conforto e aliviar a ansiedade, o que os torna excelentes agentes de cura para o coração, ministrando "primeiros socorros" do ponto de vista emocional. Os cristais cor-de-rosa ajudam a superar a perda, aliviam a dor e dissipam o trauma. Por instilar aceitação, eles ressoam com o chakra do Coração e são ideais para o uso a longo prazo.

Dourados: As pedras douradas têm sido associadas à abundância e à manifestação, na medida em que geram energia e, portanto, facilitam a iluminação. Use-os em grades de longo prazo para atrair prosperidade e vitalidade para a sua vida.

Índigo: Os cristais índigo estão ligados aos mais elevados estados de consciência e com o espaço sideral. Com uma poderosa capacidade de estimular o despertar espiritual, esses cristais integram e alinham as energias, estimulando o altruísmo. Também podem ser úteis para acalmar as emoções. Ao estimular a intuição e as capacidades mediúnicas, propiciam percepções do mundo espiritual, quando posicionados sobre o chakra do Terceiro Olho ou do Soma.

Lavanda, liláses ou roxos: Os cristais roxos ressoam com os chakras da Coroa superiores e com realidades multidimensionais, ancorando energias espirituais no plano físico e incentivando o altruísmo. Os cristais lavanda e lilás têm uma vibração mais leve e mais refinada, que se liga a estados elevados de consciência.

Magenta: Os cristais magentas se ligam aos chakras da Coroa superiores, especialmente ao da Estrela da Alma e do Vórtice Causal, e estimulam a conexão com realidades multidimensionais. Use-os para abrir os chakras de vibração superior ao redor da cabeça e expandir a consciência.

Marrons: Os cristais marrons ressoam com os chakras da terra. Eles limpam e purificam, além de ancorar e proteger. Use-os para absorver emanações tóxicas e energias negativas, e para induzir estabilidade e centramento. São excelentes para uso a longo prazo, mas precisam de limpeza regularmente.

Transparentes ou brancos: Os cristais transparentes carregam a vibração da luz pura e da consciência superior. Eles ressoam com os chakras da Coroa superiores. Esses cristais purificam e focam a energia e se ligam com os mais altos domínios do ser. Use-os quando for preciso esclarecer situações ou para abrir a intuição e obter uma visão. Os cristais transparentes são poderosos energizadores, irradiando energia no meio ambiente. Nas grades, eles purificam e curam a aura e o corpo físico.

Verdes: Calmantes e refrescantes, os cristais verdes ressoam com o chakra do Coração, propiciando cura emocional e instilando compaixão e tranquilidade. Também trazem uma consciência mais elevada para a Terra, ancorando-a no plano material. A grade verde é útil quando a energia precisa ser sedativa ou quando é necessário acalmar as emoções.

Verdes-azulados e turquesa: Esses cristais ressoam com os níveis mais elevados do ser, estimulando a consciência espiritual e as capacidades mediúnicas. Muitos cristais turquesa se conectam com a consciência cósmica, atraindo-a para a Terra, e todos instilam paz e relaxamento profundos. Esses cristais atuam no chakra do Terceiro Olho e do Soma, unindo o coração e a intuição.

Vermelhos: Os cristais vermelhos ressoam com os chakras da Base e do Sacro. Eles energizam e ativam, fortalecendo a libido e estimulando a criatividade. Os cristais vermelhos geram energia e a fazem circular quando necessário. Esse efeito pode ser extremamente estimulante e causar emoções explosivas; portanto, é melhor usar esses cristais em grades de curto prazo.

KIT DE FERRAMENTAS DA NATUREZA: A CIÊNCIA DAS FORMAS

"Sempre que tentamos entender alguma coisa, é a estrutura que buscamos. Toda ciência é construída a partir dessa busca; investigamos que a célula é feita de material reticular, citoplasma, cromossomos, que os cristais se agregam, que os átomos se combinam; que os elétrons estabelecem uma ligação química entre os átomos." – Linus Pauling

O cristal tem uma forma externa e uma estrutura interna. Ambas afetam a maneira como a energia se move através de uma grade. Em primeiro lugar, a malha geométrica interna do cristal define o sistema ao qual ele pertence. Essa malha, cujas facetas e ângulos internos são replicados com precisão, continua sendo a mesma, independentemente da forma externa do cristal. Ela é encontrada até na peça de tamanho mais ínfimo e replicada também na maior. É por isso que o cristal pode ser rolado, bruto ou facetado, sem defeitos ou lascado, pequeno ou grande, e ainda assim exercer o mesmo efeito, mesmo quando sua forma externa é muito diferente. A olho nu, por exemplo, a forma "sputnik" marrom da Aragonita não se parece em nada com suas versões cor-de-rosa suave, azul em camadas ou branca. Mas todos esses são considerados o mesmo cristal, pois seus componentes minerais e sua estrutura interna são iguais. Muitos cristais não têm essa malha interna, como a Obsidiana, que é lava derretida que se resfriou rapidamente, ou o Âmbar, uma resina natural solidificada. A energia flui suavemente através de estruturas não cristalinas como essas, uma vez que não existem impedimentos à sua passagem, mas ela também pode "sugar" bloqueios e distorções, visto que seu fluxo não tem uma direção específica.

A forma externa, seja de um cristal natural ou que tenha passado por corte e polimento, não afeta suas propriedades inerentes, mas, como veremos mais adiante neste capítulo, ela determina como e por onde a energia do cristal flui.

ELEMENTOS BÁSICOS UNIVERSAIS

Pitágoras, matemático grego da Antiguidade (cujo pai, aliás, era lapidador de pedras preciosas no Egito), reconhecia que o universo é constituído por algumas poucas formas geométricas. Essas formas são os componentes fundamentais de praticamente todas as grades cristalinas. Os próprios cristais, no entanto, também refletem esses elementos básicos universais. No cerne de um cristal existe uma estrutura estável. Dentro dessa estrutura, partículas dinâmicas estão em rotação constante em torno de um eixo central, gerando energia. Assim, embora um cristal possa parecer estático externamente, na realidade ele é uma massa molecular fervilhante, vibrando numa determinada frequência – e gerando energia. Quando a frequência cristalina é estável e "pura", o cristal reequilibra os campos de energia à sua volta, o que os torna estabilizadores extremamente eficazes. Dessa maneira, as grades transformam padrões de energia instável, como o corpo humano ou o ambiente em que ele está.

OS SISTEMAS CRISTALINOS

Os cristais são constituídos de átomos que se organizaram de forma ordenada, criando uma malha interna. E cada cristal é reconhecido pela forma pela qual as moléculas que os compõem preenchem o espaço interno. Cada família de cristais tem sua própria assinatura exclusiva ou malha cristalina. Seja grande, pequeno ou da cor que for, sob o microscópio, o cristal sempre terá a mesma malha. No entanto, ele pertencerá a um grupo maior, ou "família", de cristais. Cada sistema cristalino funciona de maneira ligeiramente diferente, canalizando energia de acordo com a sua malha cristalina. Existem sete grupos principais de cristal, além do sistema amorfo, que não possui malha. (As substâncias naturais solidificadas, como o Âmbar, são consideradas amorfas.) Os sistemas cristalinos são os seguintes:

Amorfo ou orgânico (sem malha): A energia flui rapidamente. Esse cristal pode ser um catalisador para o crescimento ou capaz de induzir uma liberação catártica de toxicidade. A energia amorfa envolve e protege um corpo ou um espaço.

Hexagonal: Estabiliza e equilibra a energia, além de oferecer sustentação; útil para explorar questões específicas.

Isométrico (cúbico): Estabiliza, ancora e purifica a energia; libera tensão e estimula a criatividade. Os cristais cúbicos são excelentes para grades que conferem estrutura e promovem a reorganização. Esta é a única forma de cristal que não refrata a luz quando ela o atravessa.

Monoclínico: Aumenta a percepção e equilibra os sistemas do corpo; útil para limpeza e purificação.

Ortorrômbico: Vibrante e energético; transmuta e dispersa a energia negativa; aumenta o fluxo de informações.

Tetragonal: Transformador. Abre, harmoniza e equilibra o fluxo de energia, além de trazer resolução.

Triclínico: Protetor; integra energias e opostos; abre a percepção, facilitando a exploração de outras dimensões e a ligação com a espiritualidade.

Trigonal (hexagonal): Foca e ancora a energia, revigora e protege a aura e o ambiente.

O EFEITO DA FORMA EXTERNA

Embora a rede interna (não visível a olho nu) seja fundamental para determinar a energia do cristal, a forma externa também influencia suas características. A forma externa do cristal, especialmente quando ela é artificial, não reflete necessariamente a sua malha interna, mas pode alterar sutilmente a maneira pela qual a energia flui através dele.

Bruto: Pedra áspera de cristal ou outro mineral natural. Funciona bem em grades, uma vez que cristais artificiais podem alterar sutilmente o fluxo energético natural. Os cristais brutos também são ideais para grades ao ar livre, pois não riscam e suportam as intempéries.

Cetro: Cristal formado em torno de uma haste central, é uma excelente ferramenta para gerar e reestruturar a energia. Ele ativa uma grade.

Drusa: Várias pontas numa base que irradia energia em várias direções. É uma ótima pedra angular para grades.

Dupla Terminação: Emite energia pelas duas extremidades. Rompe padrões antigos e faz a energia se mover em ambas as direções através de uma grade.

Elestial: Com várias camadas, terminações, janelas e planos interiores, o eluvial irradia um suave fluxo de energia que abre caminho para a percepção e a mudança. Ótima pedra angular ou para aterrar as grades.

Esfera: Emite energia em todas as direções igualmente. Forma uma janela para facilitar a passagem através do tempo. Excelente peça central numa grade projetada para irradiar energia ao ar livre.

Facetado: Pedras preciosas e semipreciosas são muitas vezes facetadas para que mais luz penetre no cristal, aumentando seu brilho. Isso não as torna mais eficazes para uso em grades: pedras brutas ou roladas funcionam tão bem quanto as facetadas.

Fantasma: Este cristal com ponta, que parece conter uma pirâmide, rompe padrões antigos e aumenta as vibrações. Posicione os fantasmas apontando para fora numa grade ao ar livre, para romper padrões antigos, e apontando para dentro, numa grade montada sobre o corpo, para o mesmo propósito.

Geodo: Sua cavidade oca em forma de "caverna" amplifica, conserva e libera lentamente a energia. Geodos são úteis quando a energia está estagnada e precisa de revitalização constante e regular. São úteis também em locais onde a energia terrestre está fluindo muito rapidamente e uma grade foi montada para retardar ou redirecionar seu fluxo.

Gerador: Com seis pontas ou mais, irradia a energia em todas as direções. Concentra a energia de cura ou a intenção, e atrai duas pessoas.

Hexagonal: Estabiliza e equilibra a energia, além de oferecer sustentação; útil para explorar questões específicas.

Manifestação: Cristal menor, encapsulado num cristal externo. Como o próprio nome sugere, ele carrega o poder de manifestação, especialmente da abundância, mas pode servir para qualquer intenção. Posicione um cristal de manifestação como pedra angular de uma grade de abundância.

Merkabah: Uma representação da energia da "fonte" divina, o Merkabah é uma estrela tetraédrica tridimensional de oito pontas, criada a partir de duas pirâmides triangulares, uma apontando para cima e a outra, para baixo. Ele equilibra e harmoniza a energia, acessando vibrações cósmicas e aterrando-as no plano físico, unindo assim o "acima" e o "abaixo". É a forma perfeita para uma pedra angular dentro de uma grade, pois contém o potencial para a criação ilimitada e a cura do DNA.

Ovo: Direciona e foca suavemente a energia. Os mais arredondados irradiam a energia num raio mais amplo. Com o lado mais alongado para baixo, numa grade, canaliza a energia para um corpo ou lugar. Com esse lado para cima, irradia energia para o ambiente.

Palmstone: Planas e arredondadas, as pedras *palmstone* (que cabem na palma da mão) acalmam a mente e servem como pedra angular para o centro de uma grade feita para manifestar o que você mais deseja.

Pirâmide: O cristal em forma de pirâmide produz energia e a irradia da sua ponta. Ele também pode proteger o espaço interno. É excelente em grades.

Ponta: O cristal com ponta facetada natural dispersa a energia quando apontado para fora, sobre um corpo, e a atrai quando apontado para o corpo. Útil para limpar e energizar uma grade.

Quadrado: Consolidando a energia, o cristal quadrado aterra e ancora a intenção. Cristais quadrados de ocorrência natural como a Pirita dispersam a energia negativa e a transformam.

Rolado: Pedras levemente arredondadas dispersam energia negativa ou atraem energia positiva. São ideais para uso em grades, pois não precisam ser direcionadas.

Varinha: Cristais com uma extremidade pontiaguda ou com uma forma especial focam a energia e a irradiam ou atraem energia, dependendo de como a ponta é direcionada. Útil para ligar cristais numa grade, ativando a rede energética.

CAPÍTULO DOIS

PREPARAÇÃO E MONTAGEM DE UMA GRADE

ENCONTRAR A COMBINAÇÃO certa de cristais para montar a sua grade é a chave para ativar o poder dessas pedras. Embora eu sugira combinações de cristais para grades ao longo de todo este livro, você não precisa se restringir a essas sugestões. Use os cristais que lhe parecerem mais apropriados. Talvez você tenha, em sua coleção, pedras que se ajustem perfeitamente à sua intenção. (Se não conhece as propriedades de cada cristal, consulte a lista de obras de referência na seção Recursos, p. 184.) Este capítulo irá orientá-lo a escolher os cristais certos para a sua intenção, e apresentará as diretrizes básicas para montar uma grade. Por fim, ele lhe dará instruções sobre como cuidar dos seus cristais antes e depois de usá-los numa grade.

SELEÇÃO DE CRISTAIS

Quando estiver escolhendo um cristal, lembre-se de que o maior e mais chamativo nem sempre é o melhor, especialmente quando se trata de uma grade. Não é a beleza exterior que determina o poder de um cristal, mas as propriedades dele. Uma pedra bruta pode ser mais poderosa do que uma gema dispendiosa, por mais bela que esta lhe pareça. Os cristais tampouco precisam ter uma aparência "perfeita". Na verdade, lascas ou pequenas imperfeições no tamanho e na forma podem tornar o cristal mais resistente, pois ele já conhece os golpes e imprevistos da vida. Se, no nível energético, esse cristal estiver de acordo com a grade, tais "imperfeições" não distorcerão a sua geometria subjacente.

Uma leve diferença na escolha das cores ou dos tipos de cristal pode afetar drasticamente o resultado de uma grade. Os cristais da grade apesentada na capa deste livro, estão dispostos exatamente como os da Esfera da Tranquilidade (ver Grades Específicas, pp. 163-165). No entanto, devido aos tons mais quentes dos cristais cor-de-rosa, essa é uma grade de alegria vibrante e rejuvenescimento, não de calma e serenidade. A grade da alegria usa cristais de cores mais saturadas para obter um efeito mais poderoso, embora esse tipo de cristal deva ser usado com cuidado, pois em vez de aumentar a energia do cristal, pode contê-la.

Você provavelmente começará sua grade selecionando os cristais mais apropriados para o seu propósito (as sugestões deste livro vão ajudá-lo com isso). A imagem de um cristal em particular pode ter chamado sua atenção. Se isso acontecer, esse é um bom ponto de partida. Mas, caso contrário, por onde começar se não sabe quais cristais são mais apropriados para você agora? Concentre-se num pensamento apenas: "Eu sempre encontro o cristal de que mais preciso no momento". Depois, passe os dedos pela cesta de cristais da loja ou sobre a sua coleção. Algum deles "atraiu" seus dedos — ou o formato ou energia de alguns deles atraiu sua atenção? Essa é uma abordagem intuitiva. A abordagem intuitiva cinestésica serve para a simples localização do cristal (ver p. 31), já que seu corpo-mente já sabe a resposta e está apenas aguardando o momento de se comunicar com você.

Se preferir uma abordagem mais lógica e racional, você pode examinar as características de cada cristal, como sua cor, forma e propriedades energéticas. Consulte obras de referência em cristais (ver Recursos, p. 184) e procure cristais que combinem com a sua intenção.

Quando encontrar um cristal, reserve alguns minutos para entrar em sintonia com ele. Segure-o nas mãos e sinta as vibrações da pedra irradiando para o núcleo do seu ser. Se essas vibrações estiverem de acordo com as suas, você se sentirá calmo e em paz. Do contrário, começará a se sentir enjoado ou inquieto. Se isso acontecer, convém escolher outro cristal, pois aquele que você está segurando pode não ser o mais adequado para você no momento. Isso talvez seja uma indicação de que você tem um trabalho interior a fazer, portanto deve verificar as grades pessoais (ver as pp. 112-161) para encontrar a que lhe parecer mais apropriada no momento.

Se o seu cristal tiver uma terminação em ponta, posicione-o na direção em que a energia fluirá em torno da grade. Se apontar um cristal para o interior da grade, ele atrairá energia; se apontá-lo para fora, ele a dispersará.

Quando encontrar os seus cristais, certifique-se de limpá-los e ativá-los antes do uso.

Falhas empáticas e cristais autocurados

Os cristais para uso em grades não precisam ser perfeitos. Na verdade, pontas lascadas ou cristais que parecem deformados podem ser ainda mais eficazes, pois eles têm empatia pelas feridas e dores emocionais, e adicionarão à grade a propriedade terapêutica da compaixão. Os cristais "autocurados" têm fraturas internas que se consolidaram ao longo do tempo, à medida que essas pedras se desenvolviam. Esses cristais são particularmente úteis nas grades de cura.

PREPARAÇÃO E MONTAGEM DE UMA GRADE

CUIDADO COM OS CRISTAIS

Os cristais absorvem energia constantemente, além de irradiá-la. Isso vale principalmente para grades que são mantidas no lugar por um longo período de tempo. Isso significa que seus cristais precisam de limpeza regularmente. Sempre use em suas grades cristais "purificados" e nunca deixe de limpá-los e recarregá-los enquanto estiverem em uso. Caso contrário, a grade começará a irradiar uma energia nociva, à medida que ela lentamente se esgota (isso ocorre principalmente quando se trata de uma grade de transmutação de energia negativa).

O número de vezes que você deve limpar seus cristais depende da finalidade da grade e da intensidade da energia absorvida ou irradiada. Por exemplo, as grades de proteção e limpeza precisam de uma limpeza mais frequente do que aquelas que atraem abundância, amor e assim por diante. Em última análise, não existe uma regra definida quanto ao tempo, exceto que convém limpar com frequência e, principalmente, limpar e recarregar sempre que os cristais começarem a parecer "opacos" e a grade não estiver funcionando mais. Simplesmente coloque a mão sobre a grade e você saberá se a energia está vibrante e ativa ou morosa e precisando ser recarregada. Os cristais também vão precisar ser purificados quando a grade for desmontada. (Para aprender a fazer isso, consulte a p. 39; e, para fazer uma essência para limpar e recarregar os cristais, veja a p. 29.)

DICA:
Para defumar um cristal, segure-o por alguns instantes sob a fumaça de um incenso ou de um punhado de ervas para defumação, de modo que toda a pedra seja envolta pela fumaça.

ANTES DE MONTAR A SUA GRADE: LIMPEZA INICIAL DOS CRISTAIS

"O som criado por uma tigela cantante, por sinos, por um gongo ou por um diapasão é uma vibração pura que limpa e restaura todos os cristais. Se estiver usando uma tigela, vários cristais poderão ser posicionados dentro dela de uma só vez, em número suficiente para cobrir o fundo, mas sem restringir sua vibração. Os sinos e o gongo podem ser tocados sobre vários cristais, enquanto o diapasão só pode ser tocado sobre um cristal apenas. Seja o que for que você esteja usando, ouça atentamente para saber quando a limpeza e o carregamento estarão completos, pois o som sairá claro e brilhante."

– Terrie Celest, www.astrologywise.co.uk

Se os cristais forem robustos (ou seja, não forem em camadas, nem frágeis ou solúveis, nem sejam cristais diminutos numa matriz), lave-os em água corrente, depois coloque-os no sol ou à luz da lua para recarregar. Se forem menos robustos, cubra-os com arroz integral durante a noite, defume-os com um punhado de *sweetgrass* (*Hierochloe odorata*) ou incenso, ou use uma tigela cantante ou sino tibetano (veja a explicação anterior). Em seguida, coloque os cristais sob a luz solar ou sobre um cristal maior, para recarregar. Se a grade estiver enterrada no chão, molhe a pedra angular com a essência Petaltone Z14 (ver Recursos, p. 184) antes de enterrá-la, pois o efeito purificador durará vários meses. Caso contrário, deixe um cristal acima do solo para que você possa pulverizá-lo regularmente com essa essência.

Depois que a sua grade estiver montada, pulverize-a levemente toda semana com uma essência para limpar e carregar cristais (veja a página a seguir) ou sempre que a energia parecer esgotada ou estagnada.

COMO RECARREGAR SEUS CRISTAIS

Coloque o cristal no sol ou ao luar por algumas horas, para recarregá-lo, ou pulverize-o com a essência de recarga. Você também pode posicionar as pedras da grade sobre grandes cristais de energização, como a Cornalina ou o Quartzo, para recarregá-las. (Você pode precisar remover os cristais da grade por um curto período de tempo para fazer isso.) Se pretende enterrar a grade, deixe uma das pedras acima do nível do solo para que ela receba os raios do sol. Ou pulverize-a com uma essência de recarga depois de limpá-la (ver Recursos, p. 184).

ESSÊNCIA DE LIMPEZA E RECARGA DE GRADES

Existem no mercado essências prontas, em spray, para limpar cristais e, principalmente, grades que permanecem montadas por um longo período (ver Recursos, p. 184), evitando assim que seja preciso retirar as pedras do lugar para limpá-las. No entanto, você mesmo pode fazer sua essência para limpeza e recarga, e com uma vantagem: a essência feita em casa também selará o espaço depois da desativação e retirada dos cristais, o que geralmente as essências prontas não fazem.

SPRAY PARA LIMPAR E RECARREGAR CRISTAIS

Para fazer o seu próprio spray, você precisará de:

LIMPEZA

- Turmalina Negra
- Cianita Azul ou Negra
- Hematita
- Shungita
- Quartzo Enfumaçado

RECARGA

- Anandalita® ou Quartzo Aurora
- Cornalina
- Quartzo Agente de Cura Ouro
- Citrino
- Cianita Laranja
- Quartzo
- Jaspe Vermelho
- Selenita (use a rolada)

EQUIPAMENTOS

- Tigela pequena de vidro
- Água de uma fonte pura
- Frasco pequeno de vidro
- Funil
- Borrifador
- Óleo essencial de olíbano, lavanda, sálvia ou similar
- Vodca ou rum branco

INSTRUÇÕES

1. Selecione um ou dois cristais da lista de limpeza e um ou dois da lista de recarga à esquerda. Certifique-se de que os cristais estejam completamente limpos.
2. Mantenha-os nas mãos por alguns instantes e peça para que limpem a grade, os seus cristais ou o seu espaço.
3. Coloque os cristais numa tigela de vidro pequena e cubra-os com água fresca. (Prefira água de uma fonte pura; use água de torneira só quando nada mais estiver disponível. Nesse caso, inclua uma Shungita em estado bruto na água.)
4. Coloque a tigela na luz solar por algumas horas. Cubra as pedras se necessário.
5. Retire os cristais e, usando um funil, despeje a água numa garrafa de vidro. Preencha um terço com água.
6. Adicione algumas gotas de óleo essencial, como olíbano, sálvia ou lavanda, e encha a garrafa com vodca ou rum branco, para agir como conservante. Essa é a essência matriz.
7. Rotule o frasco com a data e o conteúdo. Você pode usá-lo imediatamente ou armazená-lo num local fresco por vários meses.
8. Encha o borrifador com água fresca. Adicione 7 gotas da essência matriz. Cole a etiqueta.
9. Pulverize a grade de cima, borrifando levemente todos os cristais.

A MONTAGEM DA SUA GRADE

KIT BÁSICO PARA FAZER A SUA GRADE

Se você tiver à mão alguns cristais básicos que já passaram por uma limpeza, pode montar a sua grade sem perda de tempo. Escolha seis cristais do mesmo tamanho, ou tantos quanto forem necessários para a grade que escolheu, e um maior para ser a pedra angular. O ideal é que use cristais variados, mas não exagere – três ou quatro tipos já são suficientes. Consulte a lista a seguir e escolha aqueles que ressoam mais com você.

Abundância: Cornalina, Citrino, *Goldstone*, Jade, Olho de Tigre, Topázio

Aterramento e ancoragem: Pedras Boji, Pederneira, Granito, Hematita, Obsidiana, Madeira Petrificada, Quartzo Enfumaçado, Cornalina Marrom, Jaspe Policromático, Jaspe Mocaita, Jaspe Paisagem

Cura do ambiente: Aragonita, Jaspe Kambaba, Madeira Petrificada, Rodozita, Quartzo Rosa, Shungita, Quartzo Enfumaçado

Cura pessoal: Heliotrópio, Sílica Quantum Quattro, Que Será (Llanoíta/Vulcanita), Esmeralda, Shungita, Agente de Cura Ouro

Energização: Cornalina, Citrino, Diamante de Herkimer, Semente Lemuriana, Quartzo, Jaspe Vermelho, Topázio Imperial, Pedra do Sol, Rubi, Granada

Limpeza e purificação: Ametista, Lágrima de Apache, Calcita, Quartzo Clorita, Pederneira, Halita, Obsidiana, Quartzo, Selenita, Shungita, Quartzo Enfumaçado

Para a intuição: Apofilita, Azurita, Bytownita, Diamante de Herkimer, Cianita Azul ou Verde, Labradorita, Lápis-Lazúli, Larimar, Quartzo Transparente, Selenita Romboide, Selenita, Quartzo Aura Tangerina

Portadores de luz, de alta vibração: Quartzo Aurora (Anandalita®), Quartzo Celta, Semente Lemuriana, Moldavita, Petalita, Fenacita, Selenita, Quartzo Trigônico

Proteção: Âmbar, Ametista, Lágrima de Apache, Turmalina Negra, Aventurina Verde, Diamante de Herkimer, Labradorita, Lepidolita, Shungita, Quartzo Enfumaçado, Jaspe Mocaita, Jaspe Porcelana

O TAMANHO FAZ DIFERENÇA?

A resposta é um enfático não. Como já mencionei, quando se trata de cristais, o maior e o mais bonito não é o mais poderoso. E embora faça sentido posicionar cristais grandes onde eles possam ser vistos, quando devem ser deixados num ambiente, sem correr o risco de caírem ou serem tirados da posição, peças pequenas ou ásperas funcionam muito bem nas grades. Isso porque todos os cristais de um tipo específico estão conectados pelo que Michael Eastwood, especialista em cristais inglês, chama de "sobrealma cristalina", um campo de consciência unificada que conecta todos os cristais de um certo tipo, onde quer que estejam. Os menores extraem seu poder do todo. Se quiser, antes de usá-los, você pode colocar cristais menores dentro de um maior do mesmo tipo, para aumentar sua conexão com o poder da sobrealma, mas isso não é essencial.

RADIESTESIA PARA CRISTAIS

A radiestesia é uma prática de fácil aprendizado, que nos ajuda não só a selecionar cristais, mas também a escolher a grade mais apropriada para o nosso propósito e descobrir onde posicioná-la. Você pode usar um pêndulo ou os dedos (ver p. 32), o que preferir. Um método não é "melhor" do que o outro. É só uma questão de preferência e de descobrir o que funciona melhor para você. Cada método acessa a capacidade da sua conexão corpo-mente intuitiva para sintonizar vibrações sutis e influenciar suas mãos. Uma mente focada, confiança no processo e uma intenção clara e inequívoca contribuirão para a eficácia da radiestesia.

> Você pode comprar um pêndulo em qualquer loja esotérica ou pela internet. Se preferir, pode usar os dedos nesse método (ver p. 32).

RADIESTESIA COM O PÊNDULO

Se tem familiaridade com o uso do pêndulo, use-o como está acostumado. Se não conhece esse método, saiba que é muito fácil aprendê-lo. O pêndulo o ajudará a posicionar os cristais dentro da grade, a montá-la e a definir quanto tempo ela deve ficar montada e se será preciso modificá-la de tempos em tempos. O pêndulo é particularmente útil para configurar grandes grades ao ar livre ou cristais sobre mapas.

Como usar o pêndulo

1. Segure a corrente do pêndulo entre o polegar e o indicador da sua mão mais receptiva. (Deixe em torno de um palmo de distância entre a sua mão e o pêndulo, mas com o tempo você mesmo vai perceber a distância mais confortável.)
2. Enrole o que sobrou da corrente em torno dos dedos para não atrapalhar. Cole o braço na lateral do corpo, dobre o cotovelo e mantenha a mão num ângulo reto com relação à parte superior do braço.
3. Verifique suas respostas "sim" e "não". Algumas pessoas acham que o pêndulo balança no sentido horário ou anti-horário ao indicar a resposta "sim" e se move num ângulo reto ao indicar um "não".
4. Uma "oscilação" entre esses dois movimentos indica um "talvez" ou que é melhor não perguntar nada no momento. Nesse caso, pergunte se o uso do pêndulo é ou não apropriado e se a resposta for "sim", verifique se está fazendo a pergunta certa. Se o pêndulo parar completamente, isso indica que, por ora, é melhor não insistir.
5. Verifique a resposta do seu pêndulo em particular, segurando o pêndulo sobre o joelho e perguntando: "Meu nome é [fale o seu nome correto]?" O movimento que o pêndulo fizer indicará um "sim". Depois, pergunte: "Meu nome é [fale um nome incorreto]?" para estabelecer o movimento do "não". Ou programe um "sim" ou "não", balançando o pêndulo numa direção algumas vezes e dizendo: "Isto é um sim" e movendo-o numa direção diferente para programar o "não".

Use o pêndulo para descobrir o melhor cristal para você

Segure o pêndulo com a sua mão mais receptiva. Lentamente, corra o dedo pela lista de possíveis cristais sugeridos para a montagem da grade, observando se recebe uma resposta "sim" ou "não". Você também pode ver as ilustrações deste livro, de outros livros de cristais (ver Recursos na p. 184) ou visitar uma loja de cristais. Verifique todos os cristais para ver quais recebem uma resposta "sim" mais forte, pois pode haver vários cristais apropriados ou você pode precisar de uma combinação deles. Outra maneira de fazer isso, caso você tenha uma coleção à sua frente, é tocar cada cristal e verificar as respostas "sim" ou "não" com o pêndulo.

Exatamente onde posiciono os cristais?

Seu pêndulo pode identificar a posição exata de um cristal numa grade, o que é especialmente útil ao criar grades grandes ao ar livre. No entanto, pode haver ocasiões em que o cristal parece criar vontade própria e alterar levemente sua posição dentro da grade. Se for esse o caso, deixe que o cristal encontre seu lugar, abrindo espaço para novas possibilidades.

Quanto tempo devo manter uma grade montada?

O pêndulo também pode ser usado para estabelecer quanto tempo você deve deixar uma grade montada. Algumas grades só podem ser mantidas no lugar por um minuto ou dois, antes de serem desmontadas ou reconfiguradas com novos cristais. Primeiro, pergunte o período que a grade deve ficar montada em minutos, horas, dias, semanas ou meses. Quando tiver a resposta, pergunte: "Um minuto [ou hora, dia, semana ou mês]? Dois minutos [ou horas, dias, semanas ou meses]?" E assim por diante, até o período de tempo ter sido determinado.

RADIESTESIA COM OS DEDOS

A radiestesia com os dedos responde perguntas do tipo "sim" ou "não" de forma rápida e inequívoca, e pode ser praticada discretamente em situações em que um pêndulo pode provocar uma atenção indesejada. Esse método funciona bem para pessoas cinestésicas, isto é, cujo corpo responde intuitivamente a sentimentos sutis, mas qualquer um pode aprender esse método.

Para descobrir quais cristais usar

1. Faça um elo, juntando o polegar e o indicador da mão direita.
2. Em seguida, faça outro elo com o polegar e o indicador da mão esquerda e passe-o através do primeiro, para fazer uma "corrente".
3. Pergunte clara e inequivocamente se um determinado cristal é o melhor e mais apropriado para seu propósito. Fale isso em voz alta ou mentalmente.
4. Agora puxe os dedos com firmeza. Se conseguir romper os "elos", a resposta é "não". Se não conseguir, a resposta é "sim".

Para descobrir por quanto tempo uma grade deve ficar montada usando a radiestesia com os dedos

Para saber qual o período em que uma grade deve ficar montada, é preciso um método um pouco diferente. Primeiro, pergunte se o período necessário é em minutos, horas, dias, semanas ou meses. Quando tiver a resposta, faça os elos com os dedos e peça que a corrente se mantenha até que você encontre a resposta certa. Então pergunte: "Um minuto [ou hora, dia, semana ou mês]? Dois minutos [ou horas, dias, semanas ou meses]?" e assim por diante, até que o período de tempo tenha sido determinado.

ENERGIZE SEUS CRISTAIS COM A SUA INTENÇÃO

Para ativar seus cristais e infundir sua intenção neles, simplesmente segure os cristais limpos nas mãos, concentre a atenção neles e diga em voz alta:

Dedico estes cristais ao mais elevado bem de todos e peço que seu poder seja ativado agora, para agir em harmonia com a minha intenção focada. Também peço que a grade, quando montada, permita que [descreva seu propósito específico para a grade], juntamente com qualquer outra coisa que seja apropriada no nível mais elevado.

Lembre-se de reafirmar sua intenção quando montar a grade.

ESCOLHA UM LOCAL PARA A GRADE

A localização da grade precisa estar de acordo com a sua intenção e o período em que ela deve ficar montada. Grades sobre o corpo humano ou ao redor dele são limitadas, por isso ela também pode ser montada em volta ou debaixo da cama, sem que seu efeito seja prejudicado. Grades pequenas podem ser deixadas dentro de casa ou no local de trabalho. As maiores, que podem ser deixadas em torno de uma construção ou ao ar livre, por exemplo, podem ficar montadas desde que fiquem intactas e acessíveis para limpeza. Você também pode montar uma grade na sua casa de acordo com o baguá do feng shui (ver p. 34). Escolha um lugar onde ela não fique no caminho nem seja tocada.

As grades podem ficar:

Sobre ou em volta do seu corpo
Numa residência ou local de trabalho
Ao ar livre
Enterradas no chão
Sobre uma fotografia
Sobre um mapa

DESAFIO DE CURA

Quando você trabalha com grades, ocasionalmente pode ocorrer um "desafio de cura", ou seja, um período em que os sintomas ou situações inicialmente pioram para depois melhorar. Se isso acontecer enquanto você estiver deitado numa grade, saia da grade e providencie cristais desintoxicantes e restauradores como a Turmalina Negra, a Shungita, o Quartzo Enfumaçado, a Pederneira ou a Hematita. Coloque um deles aos seus pés até a situação melhorar. Antes de voltar a se deitar na grade, verifique por meio da radiestesia ou da intuição se algum cristal precisa ser removido ou substituído. Quando voltar a entrar na grade, posicione cristais de aterramento e desintoxicação aos seus pés. Se a grade foi montada num local (e isso inclui uma pequena grade montada num canto da sua casa) faça um círculo à volta dela com os mesmos cristais ou substitua temporariamente os cristais angulares ou de aterramento por um cristal desintoxicante. Quando a situação se acalmar, verifique se os cristais corretos estão no lugar e substitua os que tenham concluído seu trabalho.

BAGUÁ DO FENG SHUI

No Feng Shui, cada área da sua casa corresponde a um aspecto da sua vida. O baguá é uma espécie de mapa que divide a casa em oito partes mais o centro, cada parte indicando uma das nove áreas da sua vida. Você deve aplicar o baguá sobre a planta baixa do seu imóvel, de modo que a porta da frente ou de entrada, fique na parte inferior do mapa. Se a sua intenção é atrair mais amor para a sua vida, por exemplo, deve montar uma grade na área da sua casa que representa os relacionamentos, ou seja, no canto direito mais distante da porta da frente.

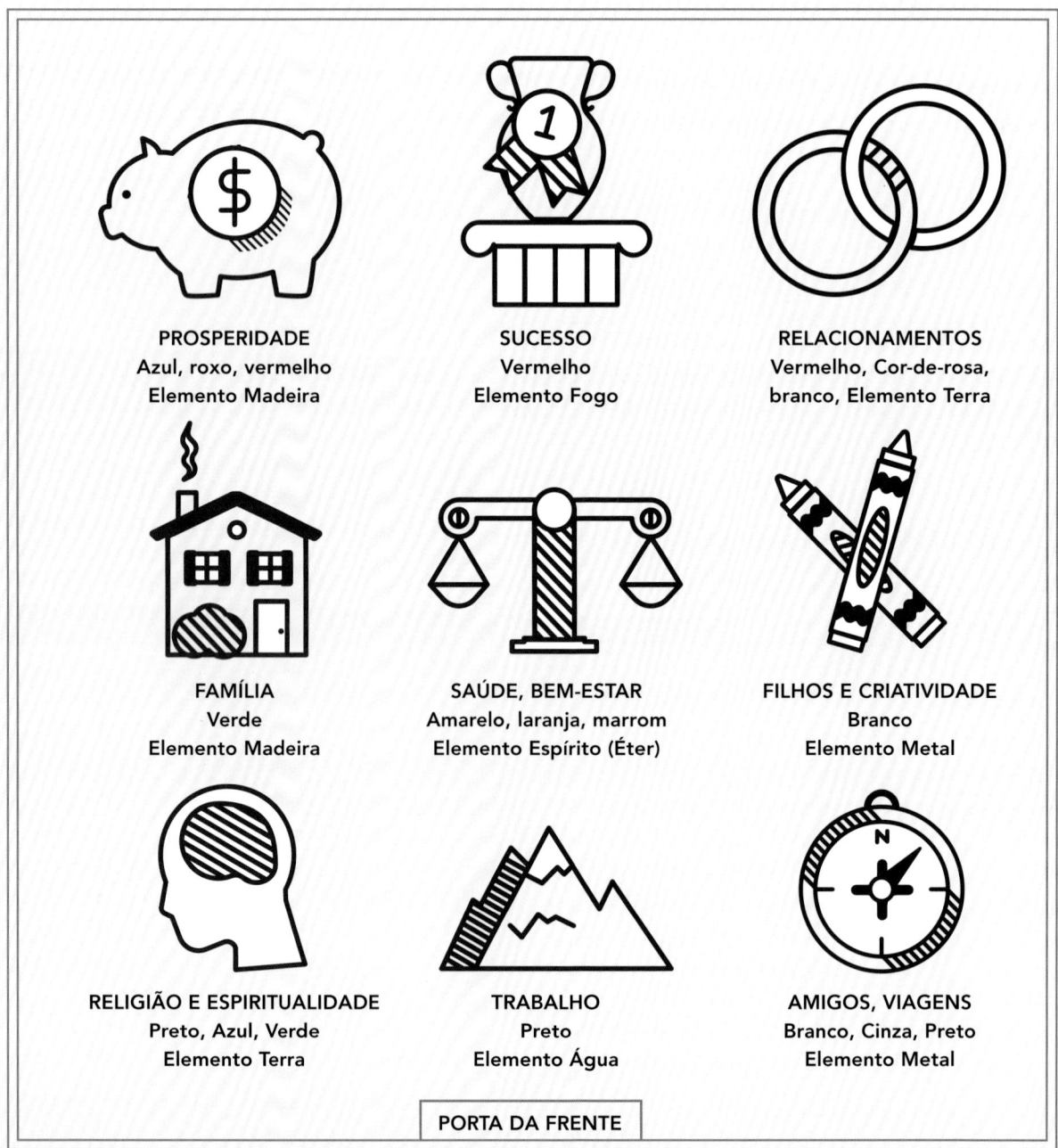

ESCOLHA UM MODELO DE GRADE

Combine a forma da grade com a sua intenção e com o espaço disponível. Se você é iniciante, comece com uma das formas básicas ou experimente uma grade usada neste livro como exemplo para um propósito específico. À medida que se familiarizar com a energia das grades, opte por outras mais complexas ou crie a sua própria. Não hesite em alterar ou expandir uma grade que o atraia. Como verá, algumas grades apresentadas mais adiante usam variações de um modelo básico. Mas lembre-se de que as grades não precisam ser complicadas para serem eficazes.

ALINHAMENTO DA GRADE

Se alinhar sua grade com os pontos magnéticos da bússola, você vai atrair o poder das quatro direções para o seu trabalho. O alinhamento da grade com o eixo norte-sul, por exemplo, suaviza o fluxo de energia, mas você também pode alinhá-la com o nascimento do sol ou da lua, que varia ao longo do ano. As grades orientadas pelo sol são ativas e propiciam os inícios, enquanto as grades orientadas pela lua são nutrizes e iniciatórias. Também é possível alinhar a grade com as associações tradicionais do xamanismo, como a seguir:

Norte: conhecimento, reestruturação, para dissipar a desarmonia
Sul: limpeza, fluxo e ativação
Leste: concepção, para dissipar conflitos e motivar novos projetos
Oeste: desapego, limpeza, crescimento, renovação, renascimento
Acima: energia cósmica e luz, energização, o masculino divino
Abaixo: aterramento, ancoramento, nutrição, o divino feminino

A PEDRA ANGULAR: COMO ENERGIZAR A GRADE

Ponto de poder, a pedra angular foca e amplifica a grade. Geralmente é a pedra central, que simboliza a origem da vida. A pedra angular canaliza a força vital universal (Qi) para a grade, que, por sua vez, amplia a energia da pedra. O Quartzo, em suas variadas formas, é a pedra angular ideal, pois está sempre transmutando, gerando, ampliando e irradiando energia.

AS PEDRAS DE ATERRAMENTO: COMO ESTABILIZAR A GRADE

As pedras de aterramento mantêm a energia de uma grade, aterrando-a e centrando-a. Elas podem estar nos cantos de uma grade quadrada, por exemplo, do lado de fora ou dentro da estrutura da grade. Pedras como a Pederneira, a Aragonita, o Quartzo Enfumaçado ou o Granito são excelentes pedras de aterramento. A Pederneira, a Turmalina Negra e a Shungita ancoram uma grade de limpeza ou com cristais de alta vibração, canalizando a energia transmutada para baixo, através das várias dimensões da Terra.

O PERÍMETRO

O perímetro mantém a energia da grade livre de interferência ou interrupções. Não é necessariamente parte integrante da grade, embora, em alguns casos, possa ser. (O perímetro pode ser importante para uma grade feita para conter a energia e criar limites, como proteger um espaço, limpar campos eletromagnéticos numa casa, criar um espaço seguro ou atrair seres de luz.) O Quartzo, numa das suas muitas formas, é um perímetro ideal, assim como a Turmalina Negra ou a Shungita, que ancoram a grade na realidade do dia a dia. Cristais triclínicos, como a Cianita ou a Labradorita, ou cristais ortorrômbicos, como o Aragonita, também são úteis para estabelecer limites, enquanto a Selenita cria um perímetro de luz protetor.

COMO MONTAR UMA GRADE

1. Escolha a localização da grade (ver p. 33).
2. Escolha um lugar e uma hora em que não será perturbado.
3. Limpe o espaço onde ficará a grade (ver p. 28).
4. Escolha o fundo e a cor sobre os quais vai montar sua grade (veja sugestões na descrição de cada grade).
5. Reúna seus cristais e limpe-os.
6. Segure-os nas mãos e afirme a sua intenção para a grade. Seja específico e preciso. Você pode dizer: "Por favor, proteja a mim e a minha casa", por exemplo.
7. Faça seu próprio modelo ou use os exemplos deste livro como guia. Lembre-se de orientar a grade adequadamente (ver p. 35).
8. Se a sua grade for para atrair energia ou dar proteção, posicione os cristais de fora primeiro. Se a sua grade for para irradiar energia, posicione primeiro a pedra angular.
9. Verifique se os cristais estão devidamente alinhados. Mas note que, se um cristal ficar mudando de posição, isso pode estar ocorrendo para você expandir o potencial não reconhecido de uma grade, em vez de restringi-la à sua intenção imediata. Se isso ocorrer, deixe o cristal onde está.
10. Ligue todas as pontas com o poder da mente ou uma varinha de cristal.
11. Adicione um perímetro ou pedras de aterramento, se apropriado (ver p. 35).

NOTA:
Use uma pinça ao manipular cristais pequenos, para ter mais precisão ao posicioná-los.

1. Reúna todos os instrumentos de que precisará para montar e limpar a grade. Uma pinça e um utensílio de ponta chata, como uma chave de fenda, podem ajudar a alinhar os cristais.

2. Limpe o cristal antes de usá-lo.

3. Afirme a intenção da grade enquanto segura o cristal.

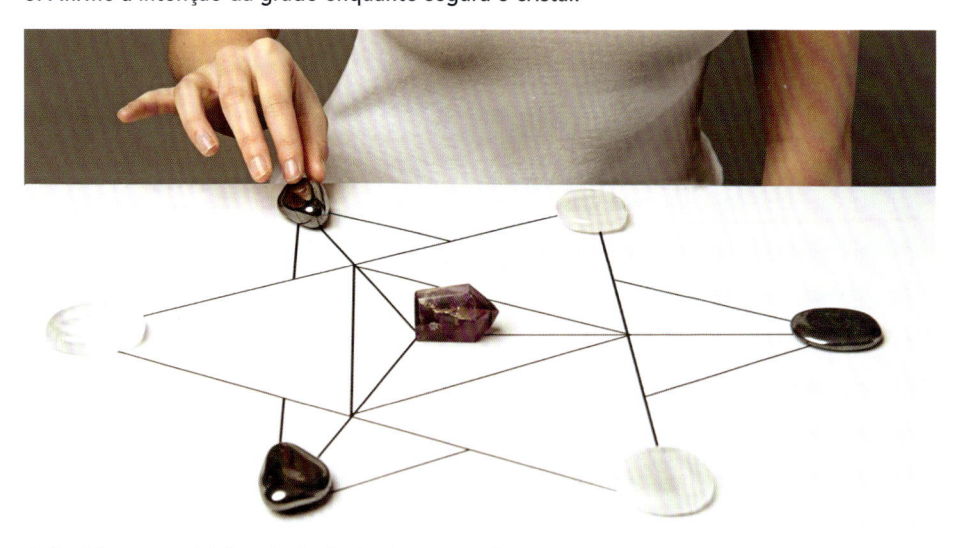

4. Posicione os cristais principais dentro da grade.

PREPARAÇÃO E MONTAGEM DE UMA GRADE

5. Posicione a pedra angular no centro primeiro, para irradiar energia para fora.

6. Posicione uma pedra de aterramento para ancorar a grade na realidade do dia a dia.

7. Ligue as pontas, ativando a grade, com uma varinha de cristal ou o poder da mente.

ATIVAÇÃO DA GRADE

Para ativar uma grade depois de montá-la, use uma varinha de cristal ou o poder da sua mente para ligar todas as pontas, incluindo a pedra angular. Se a grade não tiver linhas conectando cada cristal, leve a varinha (ou a sua mente) até o ponto central e depois para fora, tocando cada cristal e "tecendo" a energia. Por fim, posicione a varinha na pedra angular e reafirme a sua intenção.

MANTENHA A GRADE ATIVA

Verifique a sua grade regularmente (mas não exagere!). A frequência com que deve verificar sua grade depende do propósito dela. Algumas, como as grades protetoras ou transmutadoras, necessitam de verificação diária, enquanto as grades deixadas ao ar livre ou traçadas para atrair abundância podem ser deixadas sem supervisão por uma semana. Para manter sua grade ativa, reafirme sua intenção, limpe os cristais se necessário e remova ou acrescente cristais. Só não interfira na sua grade com muita frequência, do contrário ela não terá tempo hábil para fazer efeito.

COMO DESMONTAR A GRADE

Depois que a grade atendeu ao seu propósito, ela pode ser desmontada. Se deixar cristais ativados ou o modelo de uma grade em sua posição indefinidamente – em especial se estiver, nesse meio-tempo, criando outras grades –, você pode criar uma cacofonia energética, com muitos cristais "falando" ao mesmo tempo. Para desativar uma grade, limpe os cristais completamente depois de desmontar a grade (cristais escuros e enfumaçados, de transmutação, podem ser enterrados na terra por algum tempo, se tiverem executado um trabalho pesado, ou deixados no arroz integral cru durante a noite). Depois segure os cristais nas mãos, dizendo:

Agradeço aos cristais pelo seu trabalho, que não é mais necessário neste momento. Peço que o poder seja contido até ser reativado.

Coloque os cristais à luz do sol ou da lua para recarregar por algumas horas ou durante a noite, então guarde-os numa caixa ou gaveta. Isso coloca os cristais para "dormir" até serem necessários novamente.

Pulverize o espaço em que a grade estava com a essência de limpeza e recarga (ver p. 29). Algumas grades têm um traçado que gera uma impressão energética extremamente poderosa e em muitos níveis, o que faz com que ela perdure por muito tempo, mesmo depois de a grade ser desmontada. As grades com um propósito genérico, como promover a paz e a tranquilidade ou dar apoio, podem ser mantidas no lugar, para que sua energia se dissipe naturalmente, mas uma grade montada para amenizar um conflito ou transmutar uma doença que já foi curada pode precisar de uma desconstrução energética, depois de ter servido ao seu propósito. Essa desconstrução é especialmente necessária se você estiver usando cristais de alta vibração.

O som é um recurso excelente para pôr fim a impressões energéticas. Você pode usar um tambor, uma tigela, um diapasão ou sinos para selar completamente a grade em todos os níveis. Defumar o local da grade com sálvia ou outra erva purificadora é uma alternativa também.

CRIE SUA PRÓPRIA GRADE PERSONALIZADA

Depois de entender os processos básicos das grades e como elas atuam do ponto de vista energético, você pode criar a sua própria grade. Essas grades não precisam ser complexas. Uma grade simples, em forma de coração, por exemplo, é uma maneira poderosa de atrair amor para a sua vida ou irradiá-lo para o mundo. As grades personalizadas também podem ser criadas para enviar cura a uma pessoa ou lugar. Basta manter essa pessoa ou local em sua mente enquanto posiciona os cristais apropriados no lugar. Eles vão irradiar perdão, empatia, compreensão, o que o destinatário precisar. Ou você pode encontrar uma forma que atraia você e o inspire a criar uma grade. Poderia ser uma carta ou azulejo, um galho de árvore ou uma forma geométrica. Simplesmente imagine a grade ou use a radiestesia (ver p. 31), para encontrar a posição dos cristais, e depois siga as instruções deste livro para a montagem da grade.

A base desta grade em forma de coração foi descoberta numa loja de antiguidades. Embora um pouco gasta, ela serviu perfeitamente como base para uma grade projetada para curar um coração partido e atrair o amor.

PREPARAÇÃO E MONTAGEM DE UMA GRADE | 41

CAPÍTULO TRÊS
OS CHAKRAS E A AURA

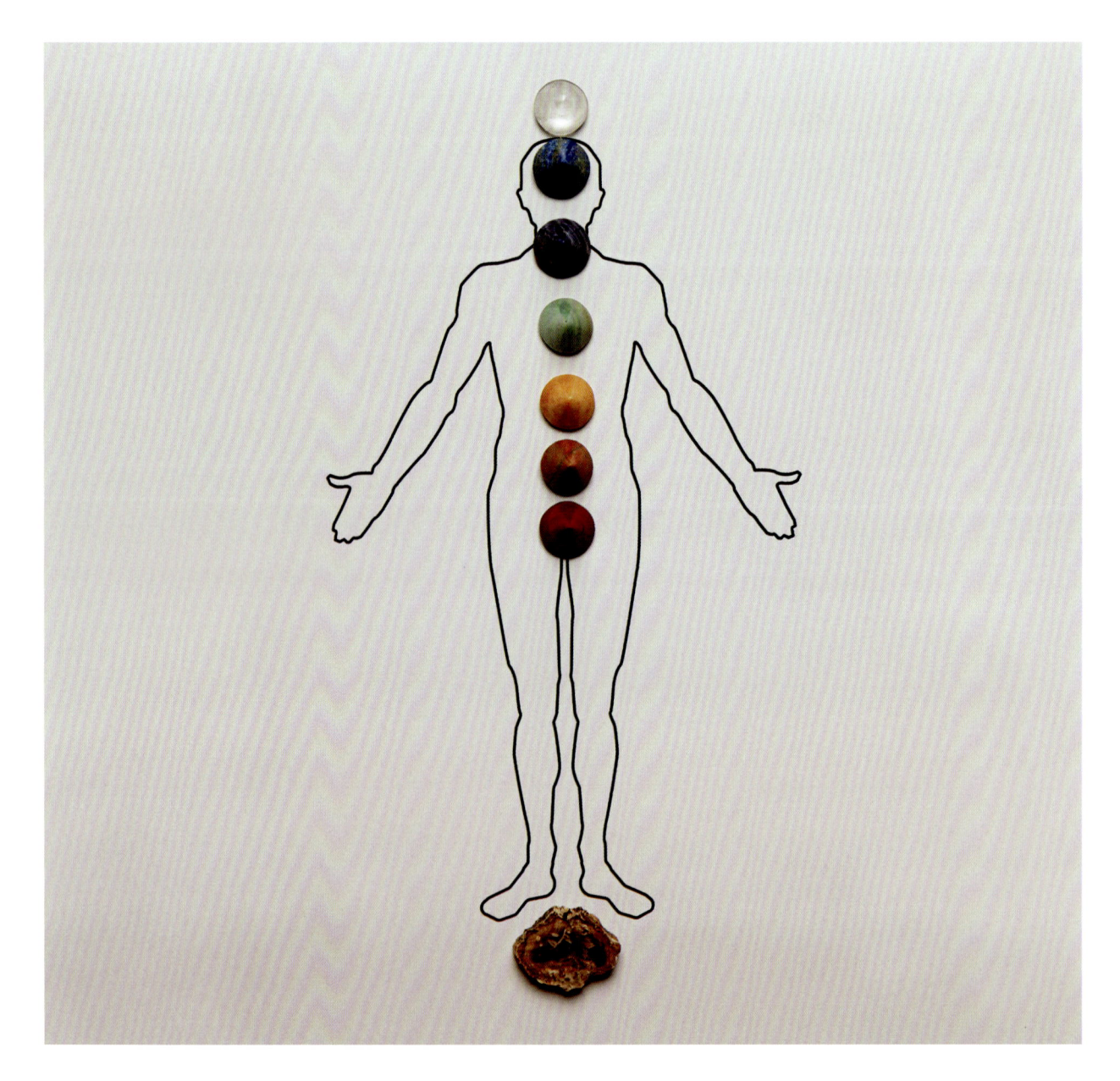

OS CHAKRAS são vórtices de energia que ligam o corpo físico aos corpos de energia sutis (ver p. 49) e influenciam aspectos específicos da vida e a fisiologia. Eles se conectam a vários órgãos e sistemas do corpo e, quando estão em desequilíbrio ou bloqueados, podem causar desequilíbrios energéticos que, se não forem tratados, podem causar doenças físicas.

Os chakras estão associados a determinadas cores "tradicionais", mas esse é um acréscimo recente em comparação à sabedoria do cristal, e o mais importante é encontrar os cristais apropriados para suas necessidades individuais, em vez de seguir qualquer tabela de associações de cores. Você pode criar grades para os chakras posicionando cristais nos chakras e pedras angulares nos pés. Grades como a Árvore da Vida (ver p. 127) ou a lemniscata (o símbolo do Infinito) são excelentes para equilibrar os chakras.

PORTAL DE GAIA

Posição: Vários centímetros abaixo dos pés.

Influência: Promove a conexão planetária e ancora a luz. Bloqueios levam a uma extrema sensibilidade às mudanças na Terra e à susceptibilidade ao estresse geopático e eletromagnético. Encarnar e viver num corpo físico é desafiador quando o chakra do Portal de Gaia está fora de equilíbrio. Você pode não se sentir à vontade no seu corpo físico ou pode sentir outro tipo de desconforto, como uma sensação de não pertencer a este planeta. Também pode se sentir instável em períodos de mudança energética.

Fisiologia: O corpo sutil espiritual e a alma

Indisposições típicas: Incapacidade de assimilar mudanças energéticas e ancorar a energia kundalini e a consciência superior pode causar sintomas variados de indisposição. (Ver *Crystal Prescriptions – Volume 4*, na seção Recursos, p. 184.)

ESTRELA DA TERRA

Posição: Abaixo dos pés.

Influência: Realidade cotidiana e fundamentada na terra. Desequilíbrios ou bloqueios levam a desconforto físico, sentimentos de impotência e incapacidade de ser prático ou realizar tarefas práticas na vida, como tomar banho, pagar aluguel e cuidar dos filhos. Desequilíbrios criam fatores ambientais adversos, como o estresse geopático e poluentes tóxicos.

Fisiologia: Sistema físico, sistemas elétrico e de meridianos, nervo ciático e órgãos sensoriais.

Indisposições típicas: Distúrbios musculares, transtornos psiquiátricos, doenças autoimunes.

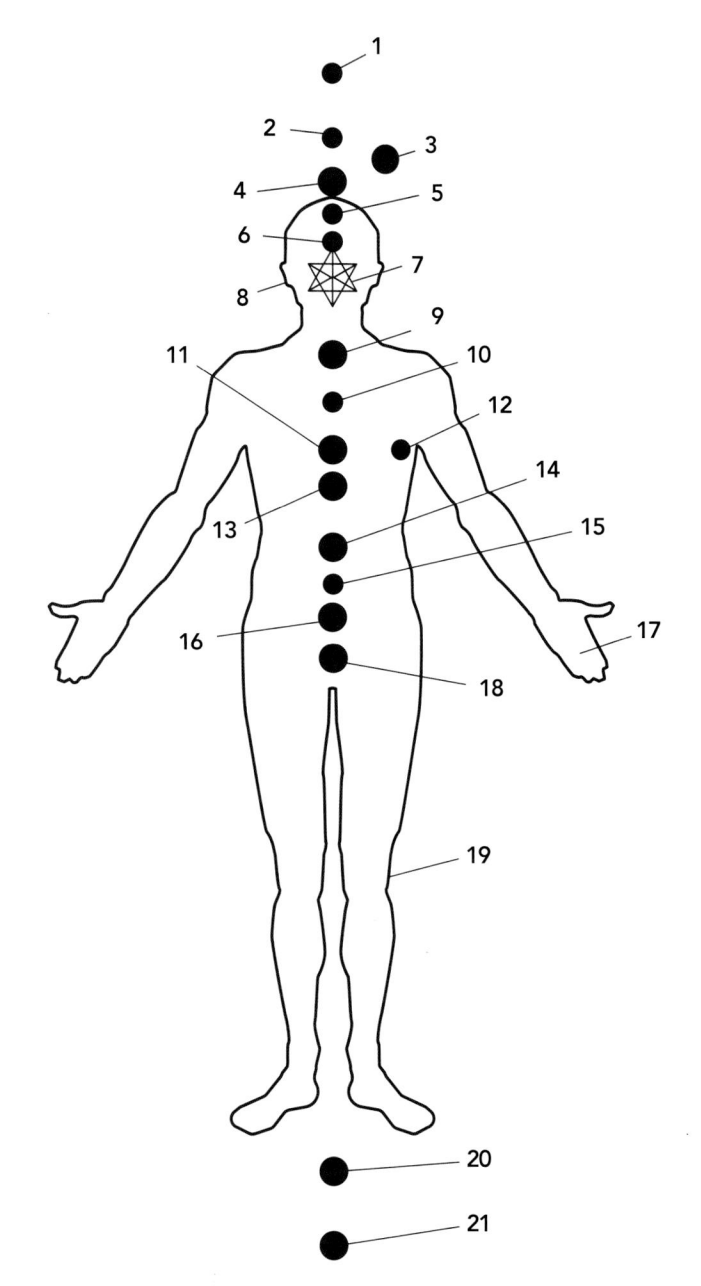

1 Portal Estelar
2 Estrela da Alma
3 Vórtice Causal
4 Chakra da Coroa
5 Chakra Soma
6 Chakra do Terceiro Olho
7 Chakra Alta-Maior
8 Chakra das Vidas Passadas
9 Chakra da Garganta
10 Chakra do Coração Superior
11 Chakra do Coração
12 Chakra Esplênico
13 Chakra da Semente do Coração
14 Chakra do Plexo Solar
15 Chakra do Dan-tien
16 Chakra do Sacro
17 Chakra das Palmas
18 Chakra da Base
19 Chakra dos Joelhos
20 Estrela da Terra
21 Portal de Gaia

Os chakras e sua cores associadas

CHAKRA	CORES
Portal de Gaia	preto, cinza, metálico, verde cristalino
Estrela da Terra	marrom, cinza-escuro, marrom
Joelhos	multicolorido, bronzeado, roxo
Base	vermelho
Sacro	cor-de-laranja
Dan-tien	cor-de-laranja avermelhada, âmbar
Plexo Solar	amarelo, amarelo-claro esverdeado
Esplênico	verde
Semente do Coração	azul perolado, rosa, branco
Coração	verde, rosa
Coração Superior	cor-de-rosa, dourado, roxo, azul
Palmas	branco-prateado, branco-dourado, vermelho, azul
Garganta	azul, turquesa
Terceiro Olho	índigo
Soma	azul, lilás, branco, ultravioleta
Coroa	branco, roxo, lilás
Portal Estelar	violeta, branco, ouro, prata ou transparente
Estrela da alma	magenta, branco, preto
Alta-Maior	magenta, verde
Vórtice Causal	branco, dourado, azul-claro

NOTA:
Os chakras da Semente do Coração, do Coração e do Coração Superior, juntos, formam as três câmeras do Chakra do Coração, a esfera da compaixão profunda e do amor divino. O chakra do Coração de três câmeras é um chakra integrado que ressoa com a mais alta frequência para unir todos os corpos áuricos com o que há "acima" (energia celestial) e com o que há "abaixo" (o plano terreno).

JOELHOS

Posição: Horizontal, nas rótulas.

Influência: Equilíbrio e capacidade de nutrir e apoiar a si mesmo. Definir metas realistas e manifestar o que é necessário no dia a dia. Medo e sentimentos crônicos de inferioridade e consequente resultado de subserviência devido aos chakras dos Joelhos bloqueados. A alma não está ancorada no plano terrestre e, portanto, sente-se vazia. Pessoas com chakras dos Joelhos desequilibrados têm problemas constantes com autoridades, figuras de autoridade e burocracia.

Fisiologia: Cérebro, rins, coluna lombar, coração, meridianos da bexiga e do rim, nervo ciático.

Indisposições típicas: Problemas frequentes nos joelhos, artrite, água no joelho, problemas na cartilagem e nas articulações, problemas na bexiga, pés frios, doença de Osgood-Schlatter, bursite, osteoartrite, má circulação nas pernas, dor sacroilíaca, espinha lombar, cistite, distúrbios alimentares, má absorção de nutrientes, doenças renais.

BASE

Posição: Períneo.

Influência: Instintos básicos de sobrevivência e problemas de segurança. Os desequilíbrios levam a distúrbios sexuais e sentimentos de estagnação, raiva, impotência, frustração e dificuldade para desapegar. A resposta de luta ou fuga constantemente em ação.

Fisiologia: Glândula suprarrenal, vesícula, sistemas de eliminação, gônadas, sistema imunológico, rins, parte inferior das costas, extremidades inferiores, nervo ciático, sistema linfático, próstata, reto, sistema esquelético, veias.

Sistema endócrino: Glândula adrenal.

Indisposições típicas: Rigidez nas articulações, dor crônica na parte inferior das costas, distúrbios renais, reprodutivos ou retais, distúrbios glandulares, transtornos de personalidade e ansiedade, doenças autoimunes.

SACRO

Posição: Entre o chakra da Base e o umbigo.

Influência: Criatividade, fertilidade e aceitação de si mesmo como um poderoso ser sexual. Os desequilíbrios levam à infertilidade e bloqueiam a criatividade. "Ganchos" emocionais com outras pessoas se fazem sentir, especialmente de encontros sexuais anteriores.

Fisiologia: Vesícula biliar, bexiga e sistema eliminatório, rins, intestino grosso e delgado, região lombar e pélvica, sacro, baço, ovários, testículos, útero, apêndice.

Sistema endócrino: Ovários e testículos.

Indisposições típicas: Tóxicas e psicossomáticas, infecções, bloqueios reprodutivos, vícios, distúrbios alimentares, diabetes.

DAN-TIEN

Posição: Um palmo abaixo do umbigo.

Influência: Poder e assimilação energética. Fonte de energia central, força interior, estabilidade e equilíbrio. Questões matrilineares e intrauterinas. Se o Dan-tien estiver muito aberto, a pessoa fica instável, frenética e sem energia. Quando está bloqueado, ela se sente aérea, com fraqueza e vontade fraca.

Indisposições típicas: Relacionadas à função física e utilização da energia, disfunções do sistema nervoso, doenças autoimunes, problemas cardíacos, hipertensão arterial, sobrecarga na glândula suprarrenal, fadiga crônica, encefalomielite miálgica, doença de Raynaud, mal de Parkinson, problemas digestivos, diabetes.

PLEXO SOLAR

Posição: Um palmo acima do umbigo.

Influência: Comunicação emocional e assimilação. Bloqueios levam à falta de empatia ou, se o chakra estiver muito aberto, a tomar como seus os sentimentos e problemas de outras pessoas e ficar sobrecarregado pelas emoções delas. Assimilação e utilização da energia e a concentração são deficientes. Suscetível a "ganchos" emocionais de outras pessoas. Doença como modo de expressar um histórico de repressão ou drama familiar.

Fisiologia: Glândula suprarrenal, sistema digestivo, fígado, sistema linfático, metabolismo, músculos, pâncreas, pele, intestino delgado, estômago, visão.

Sistema endócrino: Pâncreas.

Indisposições típicas: Excesso de emotividade, exigência, encefalomielite miálgica, desequilíbrios na adrenalina na reação de "luta ou fuga", insônia e ansiedade crônicas, problemas de pele, distúrbios alimentares e fobias.

SEMENTE DO CORAÇÃO

Posição: Base do esterno.

Influência: Lembranças da alma. Se bloqueado, o propósito espiritual é esquecido; a pessoa se sente sem raízes, desconectada. Funcionando bem, há consciência do motivo da encarnação e o sentimento de conexão com o plano divino.

Indisposições típicas: Psicoespirituais, não físicas.

CORAÇÃO

Posição: Centro do tórax.

Influência: Amor e nutrição. Se bloqueado, a pessoa não pode vicejar. Sentimentos como o ciúme são comuns, assim como uma enorme resistência à mudança.

Fisiologia: Peito, circulação, coração, pulmões, ombros, timo, sistema respiratório.

Indisposições típicas: Psicossomáticas e reativas, ataques cardíacos, angina, problemas respiratórios, asma, capsulite adesiva, úlceras.

CORAÇÃO SUPERIOR (TIMO)

Posição: Entre a base do esterno e a garganta.

Influência: Compaixão e imunidade. Se bloqueado, o indivíduo pode ser emocionalmente carente e incapaz de expressar sentimentos abertamente, demonstrar amor incondicional e fazer o bem ao próximo.

Fisiologia: Sistema imunológico psíquico e físico, glândula timo, sistema linfático, órgãos de eliminação e purificação.

Sistema endócrino: Timo.

Indisposições típicas: Deficiências imunológicas, arteriosclerose, infecções virais, zumbido no ouvido ou na cabeça, epilepsia.

ESPLÊNICO

Posição: Abaixo da axila esquerda.

Influência: Autoafirmação e empoderamento. Os vampiros psíquicos se ligam a esse chakra para sugar energia. Se desequilibrado, podem surgir problemas de raiva ou irritação constante, ou doenças autoimunes. Se muito aberto, outras pessoas podem sugar a energia da pessoa, causando depleção no nível imunológico.

Sistema endócrino: Pâncreas.

Indisposições típicas: Esgotamento, letargia, anemia, baixo nível de glicose no sangue.

GARGANTA

Posição: Sobre a garganta física.

Influência: Comunicação e autoexpressão. Se bloqueado, os pensamentos e sentimentos não podem ser verbalizados e nem a verdade, expressa. Opiniões de outras pessoas causam dificuldades.

Fisiologia: Ouvidos, nariz, sistema respiratório e nervoso, seios nasais, pele, garganta, tireoide, paratireoide, língua, amígdalas, fala e linguagem corporal, metabolismo.

Sistema endócrino: Tireoide/paratireoide.

Indisposições típicas: Dor de garganta/abscesso peritonsilar, inflamação na traqueia e nos seios nasais, resfriados constantes e infecções virais, zumbido e infecções no ouvido, dor no maxilar e doença nas gengivas, problemas nos dentes, desequilíbrios na tireoide, hipertensão arterial, transtorno de déficit de atenção/hiperatividade, autismo, afasia, doenças psicossomáticas, como intestino irritável.

TERCEIRO OLHO

Posição: Acima e entre as sobrancelhas.

Influência: Intuição e conexão mental. Os desequilíbrios permitem que a pessoa seja bombardeada pelos pensamentos alheios ou tenha ideias irracionais. Controle ou "ganchos" mentais coercivos de outras pessoas.

Fisiologia: Cérebro, ouvidos, olhos, sistemas neurológicos e endócrinos, glândulas pineal e pituitária, hipotálamo, produção de serotonina e melatonina, controle de temperatura, couro cabeludo, seios nasais.

Sistema endócrino: Hipotálamo, glândula pituitária, medula oblongata.

Indisposições típicas: Enxaqueca, agitação mental, esquizofrenia, catarata, uveíte e problemas oculares, epilepsia, autismo, distúrbios espinhais e neurológicos, sinusite e infecções nos ouvido, hipertensão arterial, "irritações" de todos os tipos.

SOMA

Posição: Na linha do cabelo, acima do Terceiro Olho.

Influência: Conexão entre a alma e o corpo, a âncora que mantém os corpos de energia sutis em contato com o eu físico durante experiências fora do corpo. Quando ativado, o chakra do Soma abre a consciência mediúnica. Quando esse chakra está aberto, é difícil manter os corpos de energia sutis ancorados no domínio físico. Isso pode causar experiências espontâneas fora do corpo, delírios incontroláveis e frenéticos ou energia incontrolável.

Indisposições típicas: Autismo e desconexão ou dispraxia; pode incluir Síndrome de Down, autismo e TDAH; fadiga crônica, estados delirantes, problemas nos seios nasais ou nos olhos, enxaquecas, dores de cabeça devido ao estresse, dificuldades digestivas.

VIDAS PASSADAS

Posição: Atrás das orelhas e ao longo do sulco ósseo que vai até o topo da coluna vertebral.

Influência: Memória e questões hereditárias. Desequilíbrios ligados ao passado e que impedem a pessoa de avançar, repetindo padrões de outras vidas ou ancestrais. Apego a pessoas do passado ou sofrer o controle dessas pessoas.

Fisiologia: Plano kármico e corpos etéreos.

Indisposições típicas: Doenças crônicas, deficiências imunológicas ou endócrinas, deficiências genéticas ou físicas.

COROA

Posição: Topo da cabeça.

Influência: Comunicação espiritual e conscientização. Se bloqueado, tentativas para controlar os outros são comuns; se o tempo todo aberto, obsessão e suscetibilidade à interferência espiritual ou possessão. Quando desequilibrado, excesso de sensibilidade ambiental e delírios ou demência.

Fisiologia: Cérebro, sistema nervoso central, cabelo, hipotálamo, glândula pituitária, coluna vertebral, corpos de energia sutis, cerebelo, controle do sistema nervoso, postura e equilíbrio.

Sistema endócrino: Pineal.

Indisposições típicas: Síndrome metabólica, incômodos sem causa conhecida, distúrbios do sistema nervoso, sensibilidade eletromagnética e ambiental, depressão, demência, encefalomielite miálgica, insônia ou sonolência excessiva, distúrbios do "relógio biológico".

ESTRELA DA ALMA

Posição: Entre os pés ou acima do chakra da Coroa.

Influência: Conexão com a alma e iluminação espiritual. Se bloqueado ou aberto, ocorre a fragmentação da alma (quando parte da alma permanece "presa" num trauma não resolvido, ou por causa dele, e há uma sensação de que algo está "faltando" no sentido espiritual. Uma parte da alma pode permanecer presa em outra vida ou num trauma passado – não importa há quanto tempo o trauma tenha ocorrido). Pode ocorrer arrogância espiritual, complexo messiânico ou suscetibilidade à invasão de entidades "alienígenas".

Fisiologia: Corpos de energia sutis.

Indisposições típicas: Espirituais, não físicas.

PORTAL ESTELAR

Posição: Trinta centímetros ou mais acima do Estrela da Alma.
Influência: Portal cósmico. Acesso à consciência cósmica. Se bloqueado ou aberto, o indivíduo pode tornar-se delirante e entrar em contato com entidades negativas de baixo nível (espíritos maliciosos ou zombeteiros, que ficam muito próximos do plano terrestre, ou outros tipos de seres astrais, incluindo formas-pensamento e afins), disseminando a desinformação espiritual.
Fisiologia: Corpos de energia sutis.
Indisposições típicas: Espirituais, não físicas.

VÓRTICE CAUSAL (GALÁCTICO)

Posição: Acima da cabeça, mais para o lado (para localizar o local exato por meio da radiestesia, ver p. 31).
Influência: Rede cósmica e mente universal. Repositório de memórias ancestrais e kármicas. Contém os Registros Akáshicos da alma, um banco de memória astral, contendo tudo que já ocorreu ou pode ocorrer em qualquer período de tempo ou dimensão. Quando bloqueadas, as capacidades mediúnicas perdem a conexão com a mente consciente, mas continuam a afetar o comportamento.
Fisiologia: Esquema etérico e cármico, doenças hereditárias e cármicas, DNA e RNA.
Indisposições típicas: Hereditárias, kármicas e culturais.

ALTA-MAIOR (ASCENSÃO)

Posição: Forma de Merkabá dentro da cabeça (ver o diagrama na p. 43).
Influência: Acelerando e expandindo a consciência, o plano da alma. Esse chakra contém o passado ancestral e padrões enraizados que regem a vida e a consciência humanas. Em conjunto com o chakras do Vórtice Causal e das Vidas Passadas, contém o karma da vida passada e acordos contratuais feitos com o Eu Superior e outros, antes da encarnação atual.
Fisiologia: Movimentos musculares voluntários, sistemas endócrinos sutis e físico, incluindo o hipocampo, o hipotálamo, as glândulas pineal e pituitária, função cerebral, cerebelo, medula oblongata (controle da respiração, frequência cardíaca e pressão sanguínea), equilíbrio hormonal, área occipital e nervo óptico, garganta, coluna vertebral, padrões de sono.
Indisposições típicas: Baseadas nas qualidades que a alma pretende desenvolver ou no equilíbrio do passado. Por exemplo, se uma alma teve um "coração duro" no passado, então a arteriosclerose (endurecimento das artérias) pode ocorrer. Mas, se a alma está destinada a desenvolver compaixão, uma qualidade que anteriormente lhe faltava, então a doença pode ser debilitante, como a espinha bífida ou a artrite severa, no início da vida, para que a alma saiba como é ser uma pessoa "deficiente".

PALMAS

Posição: Nas palmas das mãos, estendendo-se para os dedos e braços.
Influência: Um fator importante na interação com o mundo exterior, os chakras das Palmas medeiam a recepção e emissão de energia.
Fisiologia: Nervos, tendões, gânglios, pele, mãos, dedos, unhas.
Indisposições típicas: Distúrbios psiquiátricos e sociais, problemas de pele.

OS CORPOS SUTIS E A AURA

O corpo físico é cercado e interpenetrado por campos de energia sutis: a chamada aura ou bainha biomagnética. Esses corpos estão ligados aos chakras, mas não são limitados por eles. Eles são esquemas ou moldes compostos de informação, impressões biomnemônicas e refugos enérgicos, a partir dos quais o corpo físico é constituído e mantido. Podemos eliminar bloqueios nos chakras curando o corpo de energia sutil. O contrário também é possível: equilibrando um chakra, podemos purificar a energia sutil do corpo físico. Embora pareçam camadas ou "ondulações" ao redor do corpo físico, os sete corpos sutis na verdade se entrelaçam e se irradiam do corpo físico, dando origem a uma aura de vários centímetros. A lista a seguir é baseada na distância a que cada um dos corpos físicos se projeta do corpo físico. Quanto mais amplo é o corpo sutil, mais elevada e sutil é a sua vibração.

Corpo físico-etérico: O corpo sutil "físico", molde ou esquema etérico, é um programa biomagnético que contém impressões de doenças, lesões e crenças de vidas passadas que se refletem na vida presente em forma de sintomas. Também possui um DNA sutil que pode ser ativado ou desativado por meio do comportamento e de crenças, que, por sua vez, afetam o DNA do corpo físico. Esse corpo sutil está conectado aos sete chakras tradicionais, de frequência mais baixa, e ao do Soma, ao das Vidas Passadas, ao Alta-Maior e ao do Vórtice Causal.

Corpo emocional: O corpo emocional é composto de emoções e sentimentos, atitudes, decepções, traumas e dramas, não apenas da vida presente, mas também de vidas anteriores. O corpo emocional contém "engramas", feixes de energia que mantêm uma imagem mental de memórias profundamente traumáticas ou felizes. A doença neste corpo pode se refletir nos chakras do Plexo Solar, do Sacro e da Base, nos joelhos e nos pés, que representam inseguranças e medos. Tem uma forte conexão com o chakra Esplênico, mas também se liga ao do Dan-tien e ao umbigo, no lado materno.

Corpo mental: O corpo mental é criado por pensamentos, memórias, credos e crenças arraigadas do presente e de vidas anteriores. Ele está ligado principalmente aos chakras da Garganta e da Coroa, mas pode se refletir nos chakras inferiores do corpo. Por exemplo, pensamentos e crenças têm um efeito profundo no desempenho sexual, porque é nos chakras inferiores que essas crenças se manifestam no mundo. Esta é a base de todas as "indisposições" psicossomáticas e, quando os "princípios superiores" entram em conflito com as necessidades básicas do corpo, o resultado é uma confusão sem fim. Este corpo guarda tudo que já foi dito ou ensinado por figuras de autoridade do passado, assim como ideologias e pontos de vista arraigados.

Corpo kármico: O corpo, molde ou esquema kármico contém a impressão de todas as vidas anteriores e o propósito da vida presente. Contém também programas mentais, impressões físicas e impressões emocionais e crenças, muitas das quais podem ser contraditórias, uma vez que surgem de experiências vividas em várias existências diferentes. Este corpo é acessado através do chakra das Vidas Passadas, o Alta-Maior e do Vórtice Causal, mas pode afetar o do Soma, dos Joelhos e da Estrela da Terra.

Corpo ancestral: Este corpo guarda tudo que foi herdado dos ancestrais de ambos os lados, materno e paterno, tanto no plano físico como nos níveis mais sutis. Isso pode incluir sagas familiares, sistemas de crença e atitudes, culturas e expectativas, traumas e dramas. Este corpo pode ser acessado através dos chakras da Estrela da Alma, do Vórtice Causal, das Vidas Passadas, o Alta-Maior, do Coração Superior, da Estrela da Terra e do Portal de Gaia.

Corpo planetário: Corpo de energia sutil que se liga ao planeta e ao corpo e meridianos etéricos da Terra. Este corpo planetário está conectado ao cosmos, aos luminares, aos planetas e corpos estelares, e ao espaço sideral: o todo mais amplo. O corpo planetário está refletido no mapa de nascimento e é acessado por meio dos chakras Alta-Maior, do Vórtice Causal, do Soma, do Portal Estelar e do Portal de Gaia. "Indisposições" cósmicas ou anímicas podem ser sanadas através do corpo sutil planetário.

Corpo espiritual ou corpo de luz: Campo de energia integrado, luminoso e vibrante que se compõe do corpo físico e de todos os corpos de energia sutil, além do espírito ou alma, conectados através dos chakras do Soma, da Estrela da Alma, do Portal Estelar, do Portal de Gaia, o Alta-Maior e do Vórtice Causal. O corpo espiritual ressoa com o universo, com a mente universal e com a nossa alma ou espírito.

CAPÍTULO QUATRO

GRADES BÁSICAS

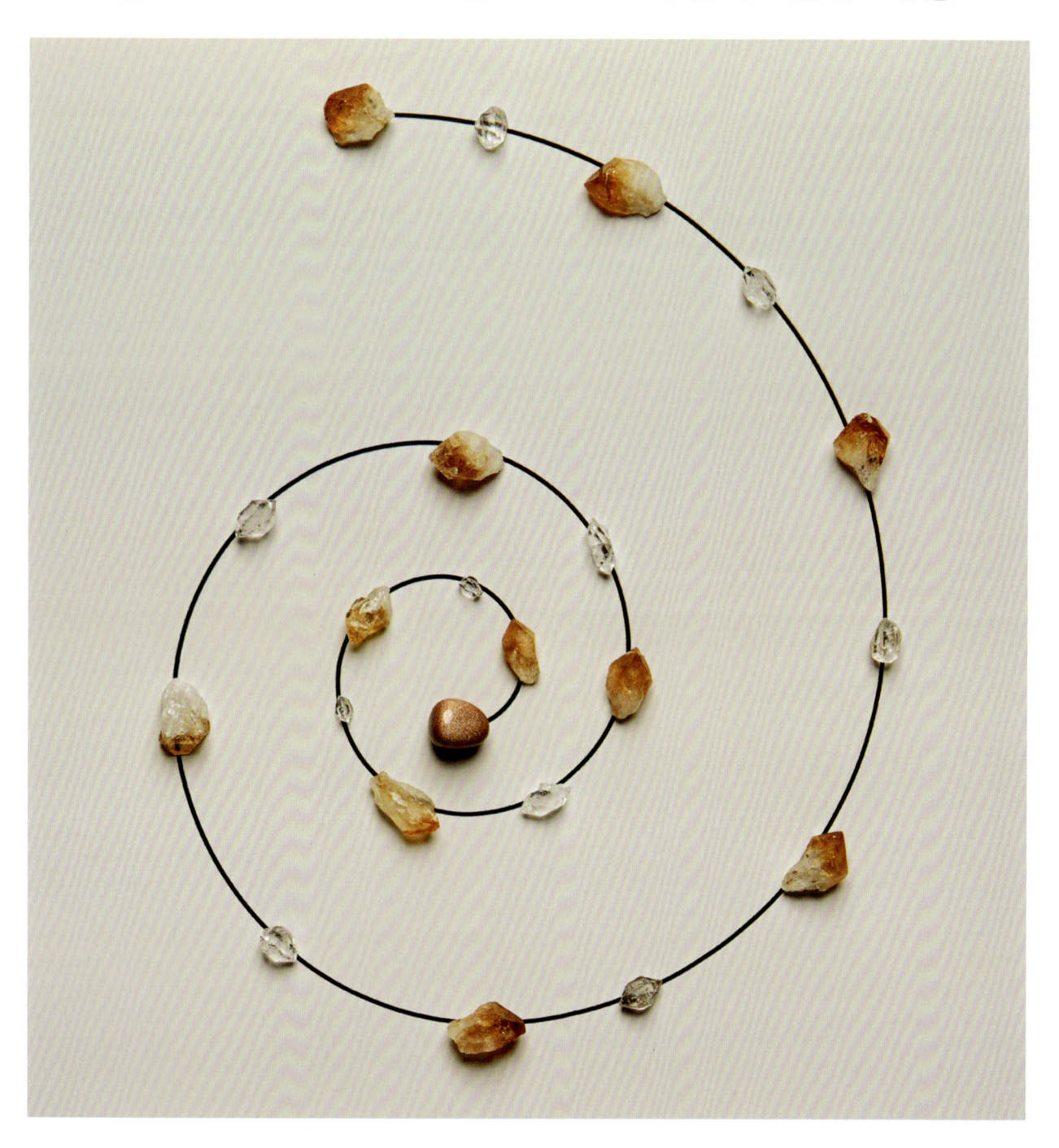

AS GRADES DESTA SEÇÃO são aparentemente simples, pois muitas vezes requerem apenas um punhado de cristais. No entanto, são extremamente poderosas, visto que a rede energética da grade, caso não seja contida, pode se espalhar por um amplo perímetro. E, como você verá, algumas grades básicas podem ser estendidas, assumindo formas mais complexas e igualmente poderosas.

Na maioria dos casos, não há um número definido de cristais numa grade, nem um modo definido de posicioná-los. O número de cristais varia de acordo com o tamanho e as propriedades da grade, e com a forma como se sintonizam com a sua intenção e uns com os outros. Use a intuição ou a radiestesia (ver p. 31) para encontrar o tipo e o número de cristais mais apropriados para a sua grade específica e para determinar qual grade é mais adequada para o seu propósito. Eu costumava acreditar que era importante manter todos os cristais muito bem alinhados numa grade. A experiência me ensinou que às vezes os cristais se movem deliberadamente e saem do alinhamento para abrir espaço e permitir o surgimento de algo novo. As grades podem precisar de ligeiras imperfeições na rede energética para dar passagem à mudança e a novas possibilidades. Se as grades forem sempre precisas e estáticas, o resultado será sempre o mesmo. Mas a abertura de uma ligeira assimetria no traçado da grade ativa o potencial do que eu sempre peço ao montar uma delas: "isso ou algo melhor", uma frase que eu sempre acrescento ao declarar a minha intenção. Os cristais são seres sábios e inteligentes e eles podem ver muito além do que nós, seres humanos, podemos ver. Aprendi que, se um cristal muda de posição numa grade, é porque ele está dizendo em alto e bom som: "É aqui que preciso estar". Ou, se ele cai no chão, pode estar dizendo: "Escolha outro cristal". Outra lição é: ouça os cristais em vez de seguir regras. Quanto mais trabalhar com cristais e grades, quanto mais suas habilidades se desenvolverem, mais rápido você poderá sentir os efeitos energéticos dos cristais e, intuitivamente, saber o que uma grade requer. Por fim, lembre-se de sempre usar cristais limpos e dedicados nas suas grades.

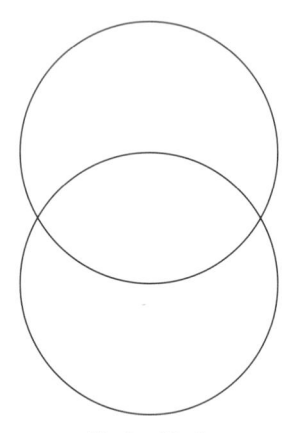

VESICA PISCIS

CRIAÇÃO E MANIFESTAÇÃO

Conhecida como "o útero do universo", a *Vesica Piscis* simboliza o axioma hermético "Assim em cima como embaixo; assim dentro como fora". Uma conjunção mística, trata-se da consciência conhecendo a si mesma e tomando forma. A grade da *Vesica Piscis* representa tanto a unidade quanto o "consenso", e a sua forma também representa a separação das partes que compõem o todo. É o início da vida, portanto, a esfera da criação e da manifestação. Quando você estiver montando a grade, alterne diferentes tipos de cristal ou faça um círculo com eles, posicionando a pedra angular no centro.

Forma: A *Vesica Piscis* é formada pela intersecção de dois círculos, alinhados de modo que a circunferência de um deles passe pelo centro do outro. O círculo é a mais simples, porém mais profunda das formas, pois ele não tem começo nem fim, abrangendo todas as possibilidades. Trata-se da expressão suprema da unidade. Sobreponha os círculos, porém, e a *Vesica Piscis* produz o triângulo, o quadrado, o hexágono, a Semente da Vida e a Flor da Vida.

Usos: Monte a grade com uma extremidade voltada para cima, para puxar a energia de baixo, ou de lado, para integrar ou gerar energia. Símbolo de unificação e harmonia, a *Vesica Piscis* liga o físico ao espiritual. Ela mescla lógica, intuição e emoção, ou passado, presente e futuro. Essa grade é excelente para concepção, colaboração, resolução de conflitos ou para encontrar um consenso. É extremamente útil quando se começa novos empreendimentos. Posicione a pedra angular no centro para simbolizar o seu propósito.

Época: A primavera é a época ideal. Monte a *Vesica Piscis* na lua nova, quando começar um novo empreendimento. A lua cheia é mais indicada para resolução de conflitos e conciliação de forças contrárias, mas essa grade pode ser montada sempre que se enfrentar uma crise.

VOCÊ PRECISARÁ DE:

- Cristais em número suficiente para traçar dois círculos
- Uma pedra angular para o centro

PARA MONTAR A GRADE:

1. Segure os cristais nas mãos e afirme a sua intenção para a grade.
2. Crie primeiro o círculo da esquerda ou de baixo, alinhando os cristais ao longo da circunferência.
3. Crie o círculo da direita ou de cima.
4. Posicione a pedra angular no centro, afirmando sua intenção outra vez.
5. Ligue os círculos com uma varinha ou o poder da mente.
6. Quando estiver pronto para desmontar a grade, siga as instruções da p. 39.

A *VESICA PISCIS* CONTÍNUA

Posicione os cristais com a ponta superior para baixo e coloque uma pedra angular no centro da grade. Pedras de aterramento nos cantos inferiores evitam escape de energia.

Vesica Piscis

Vesica Piscis contínua

NOTA:
Consulte a p. 170 se quiser usar a *Vesica Piscis* para propiciar relacionamentos harmoniosos.

Um círculo simples de Quartzo Enfumaçado purifica a energia e outro de Selenita infunde luz, criando uma *Vesica Piscis*. A pedra angular é o Olho da Tempestade (Jaspe da Judy), para manter o espaço calmo e desobstruído.

Cristais sugeridos: Cristais de aterramento para o círculo esquerdo ou inferior (ver p. 30); cristais portadores de luz, de alta vibração, para o círculo direito ou superior (ver p. 30). Olho da Tempestade (Jaspe da Judy), Quartzo Rosa, Quartzo Enfumaçado ou Menalita para fertilidade.

GRADES BÁSICAS

LEMNISCATA (SÍMBOLO DO INFINITO)

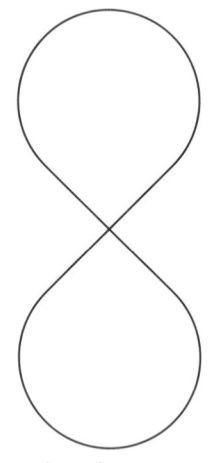

ATERRAMENTO E UNIFICAÇÃO

A lemniscata é o símbolo do infinito. Dois se tornam um num símbolo que representa totalidade e conclusão. Os dois laços também refletem o equilíbrio dos opostos masculino e feminino, dia e noite, claro e escuro. Esse símbolo também mostra movimento perpétuo e a interação entre energia e matéria – isto é, sua indestrutibilidade e seu potencial para a transmutação. Ela é o "ouroboros", a serpente mitológica que devora a própria cauda para sustentar a vida, num ciclo eterno de renovação. Por fim, o final é também um começo, e o começo precisa de um final para começar outra vez. O termo "infinito" deriva da palavra latina *infinitas*, que significa "ilimitado". Na verdade, a energia desta grade pode se expandir indefinidamente.

Forma: A lemniscata é composta de dois círculos no mesmo plano, desenhados com uma linha contínua para criar a figura do oito. É a "oscilação" do pêndulo do relógio, no sentido horário e anti-horário, com um ponto de equilíbrio no centro. A lemniscata pode apontar para cima, para que a energia vá para o ponto central, ou ser montada lateralmente, para criar um fluxo contínuo.

Usos: A lemniscata é um excelente traçado quando se quer restaurar o equilíbrio, particularmente numa grade de cristais ao redor do corpo. Esta grade purifica e infunde luz de cura, preenchendo o vácuo criado pela liberação de energias tóxicas. Pode ser usada para situações nas quais duas partes precisam ser combinadas, uma vez que o infinito inclui passado, presente e futuro centrados no "agora". A grade da Lemniscata centra a intenção no momento presente. Posicione cristais purificadores na metade inferior e cristais portadores de luz na metade superior, e monte essa grade sobre os chakras da Semente do Coração, do Coração e do Coração Superior (o Coração de três câmaras, ver p. 44) para deprimir ou estimular o sistema imunológico.

Época: Não é preciso aguardar uma época especial. Use a grade da Lemniscata quando for necessário.

VOCÊ PRECISARÁ DE:

- Cristais purificadores e portadores de luz, em número suficiente para compor os dois laços
- Uma pedra angular apropriada para o ponto de passagem
- Se estiver montando a grade ao redor ou sobre o corpo, uma pedra de aterramento

PARA MONTAR A GRADE:

1. Segure os cristais nas mãos e afirme a sua intenção para a grade.
2. Se estiver montando a grade em torno do seu próprio corpo, peça a outra pessoa para posicionar os cristais para você.
3. Posicione a pedra angular no umbigo ou no centro da grade.
4. Posicione cristais de limpeza e de aterramento no círculo inferior.

Lemniscata

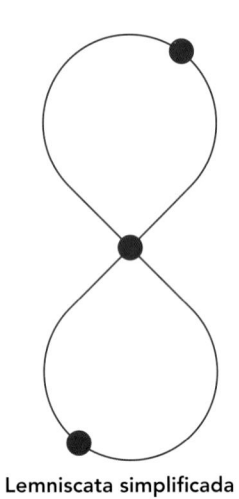

Lemniscata simplificada

A Selenita acima do Quartzo Enfumaçado, ligada por um Olho da Tempestade (Jaspe da Judy) como pedra angular, também funciona como uma âncora estabilizadora.

5. Trace o círculo superior com cristais de energização, portadores de luz.
6. Ligue os cristais com o poder da mente ou com uma varinha de cristal.
7. Quando estiver pronto para desmontar a grade, siga as instruções da p. 39.

Cristais sugeridos: Cristais de aterramento para o círculo esquerdo ou superior (ver p. 30); cristais portadores de luz, de alta vibração, para o círculo direito ou inferior (ver p. 30). Jaspe Moucaita, Jaspe Porcelana.
Grade do coração: Esmeralda ou Fuchsita para o círculo superior; Lepidolita ou Rubi para a base.

TRAÇADO SIMPLIFICADO DE LEMNISCATA

Este traçado é útil se você deseja montar a grade no seu próprio corpo, mas não tem ninguém para ajudá-lo. Posicione um cristal de alta vibração como o Anandalita® sobre a cabeça, ligeiramente para o lado (o lado oposto à sua mão dominante); um cristal de aterramento como a Pederneira sob os pés e ligeiramente para o lado contrário; e uma pedra de aterramento, que represente a sua intenção, no umbigo. Verifique se se sente equilibrado e centrado. (Você pode preferir posicionar os cristais um pouco acima da cabeça e abaixo dos pés e sobre o plexo solar.) Ligue os cristais com o poder da mente.

TRIÂNGULO

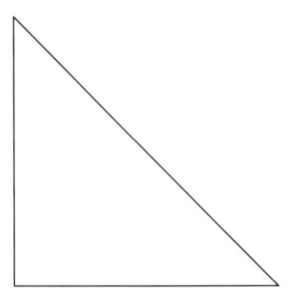

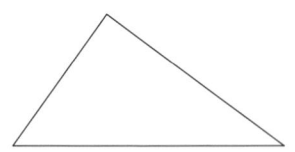

TRANQUILIDADE, PROTEÇÃO E MANIFESTAÇÃO

O triângulo é uma das formas básicas da vida, um alicerce da criação. Pitágoras afirmava que todas as coisas emanam de um único ponto, e usava o triângulo *Tetraktys* (veja abaixo) como exemplo. O triângulo representa o que é sólido, substancial e completo em si mesmo. Como grade, no entanto, ele não só protege o que está dentro dele, o que faz dessa forma um instrumento de proteção muito útil, como também irradia energia para preencher um espaço e transmutar energias. Grades triangulares são excelentes para combater a discórdia e instilar força de superação. Uma grade triangular pode se replicar infinitamente (veja abaixo).

Forma: Os triângulos têm três lados e três ângulos, mas assumem várias formas. O triângulo equilátero tem lados e ângulos iguais; o triângulo isósceles tem dois lados iguais e dois ângulos iguais; e o triângulo escaleno tem três lados desiguais e três ângulos desiguais. O "Triângulo de Ouro" é gerado a partir da espiral da Proporção Áurea (ver p. 18). Os ângulos e as laterais do lado mais estreito são iguais.

Usos: Excelentes para proteger um espaço, as grades triangulares podem ser montadas em qualquer lugar onde haja desarmonia, onde a proteção seja necessária ou onde a energia precise de transmutação. Expandindo suavemente a energia de modo a preencher o espaço, ela é particularmente eficaz em pequenas grades de longo prazo. Como a lemniscata, a grade triangular combina lógica, intuição e emoção; mente, corpo e espírito; passado, presente e futuro; pensamento, palavra e ação.

Época: Monte sua grade triangular quando for necessário. Recarregue-a e limpe-a na lua nova e cheia.

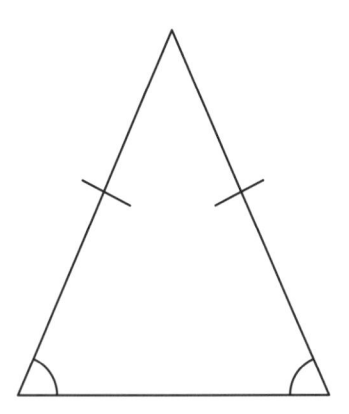

Triângulo equilátero

Triângulo isósceles

Triângulo escaleno

Triângulo "dourado"

Efeito energético
Numa grade triangular, a energia é gerada e se expande tanto para dentro quanto para fora, preenchendo todo o espaço e criando um campo de energia protetor em torno da área.

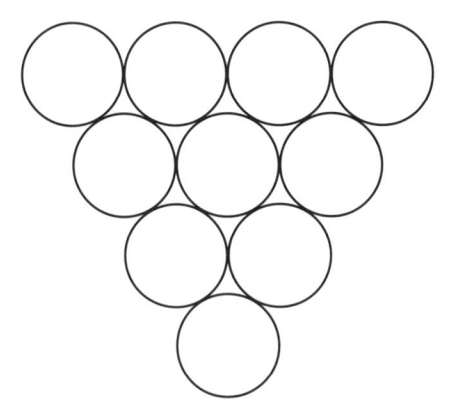

Triângulo *Tetraktys*

56 O GUIA DEFINITIVO DA GEOMETRIA SAGRADA COM CRISTAIS

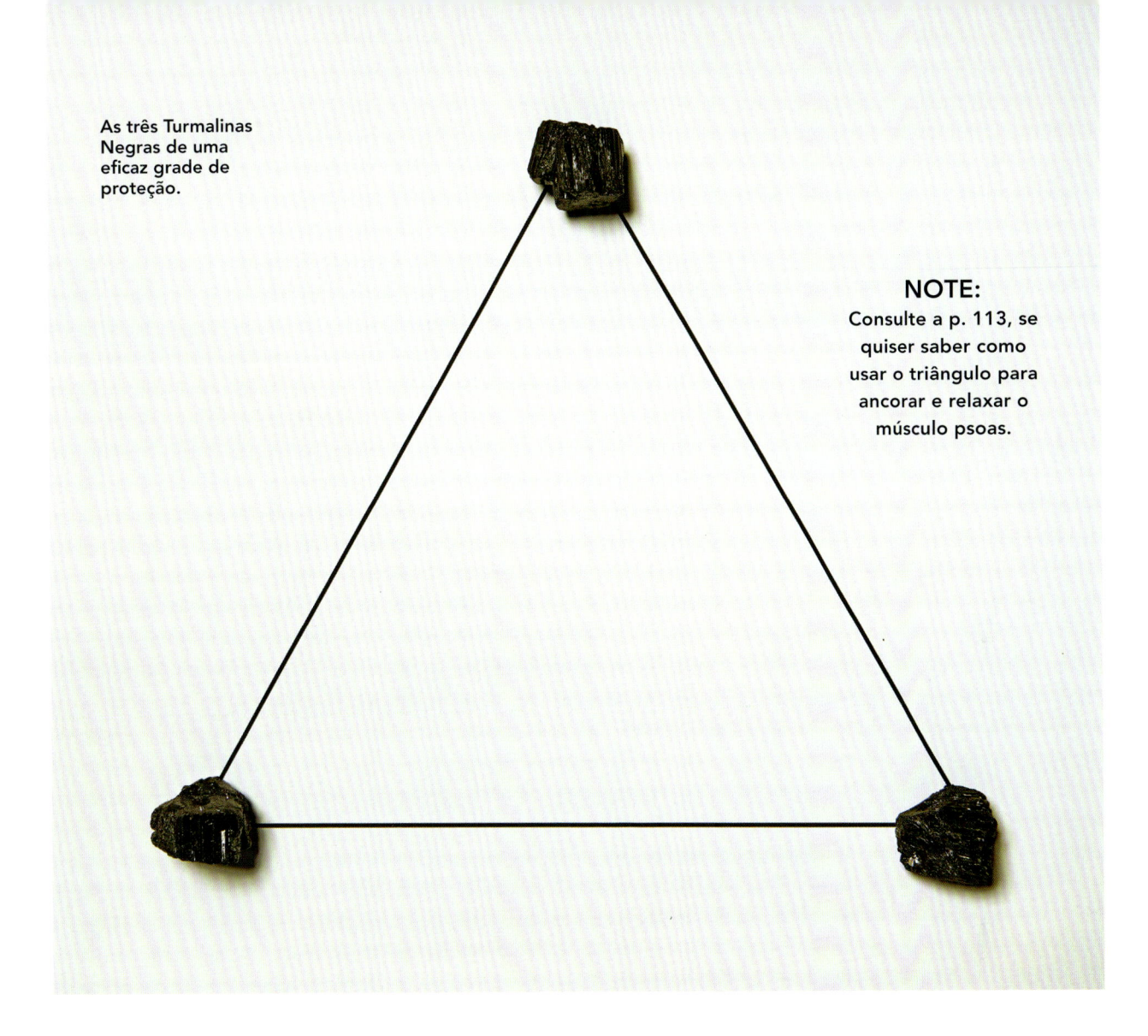

As três Turmalinas Negras de uma eficaz grade de proteção.

NOTE:
Consulte a p. 113, se quiser saber como usar o triângulo para ancorar e relaxar o músculo psoas.

VOCÊ PRECISARÁ DE:

- 3 cristais razoavelmente grandes, apropriados para grades.

PARA MONTAR A GRADE:

1. Segure os cristais nas mãos e afirme a sua intenção para a grade.
2. Se quiser proteger o seu espaço, posicione um cristal no chão, na metade de uma parede ou divisória, ou da superfície menor em que estiver montando a grade, como um criado-mudo, por exemplo.
3. Posicione um cristal em cada um dos cantos opostos do cômodo ou do espaço.
4. Ligue os cristais com o poder da mente ou com uma varinha de cristal.
5. Quando estiver pronto para desmontar a grade, siga as instruções da p. 39.

Cristais sugeridos: Cristais de aterramento, proteção e ancoragem (ver p. 30), cristais portadores de luz, de alta vibração (ver p. 30), Shungita, Turmalina Negra, Cornalina, Jaspe Mocaita, Jaspe Policromático ou Selenita.

GRADES ESTENDIDAS

As grades com traçado de pentagrama e hexagrama, na pp. 58 e 60, são triângulos estendidos. E um "sólido" triângulo *Tetraktys* concretiza a sua intenção. Comece com os cristais da parte externa e depois vá preenchendo os círculos.

PENTAGRAMA (ESTRELA DE CINCO PONTAS)

ABUNDÂNCIA E ATRAÇÃO

O pentagrama evoca a assistência dos deuses – forças universais, arquetípicas – de "cima" para "baixo", infundindo poder criativo e protetor nos projetos do plano terreno. Ao contrário do que as pessoas supersticiosas podem dizer, o pentagrama não tem nenhuma conexão inerente com a magia negra. São a intenção e o propósito que confere a uma grade poderes para fazer o bem ou o mal, não a forma da grade em si. A ponta ascendente do pentagrama representa o espírito, enquanto as outras quatro representam os elementos Terra, Ar, Fogo e Água, todos unidos em sua forma. Leonardo da Vinci identificou o pentagrama com o "homem vitruviano", o ser humano como um microcosmo do macrocosmos, isto é, do universo. Ele representa a descida de uma centelha do divino até a matéria tangível.

Forma: O pentagrama é traçado com uma linha contínua e fluida, em cinco etapas – na direção que for mais confortável –, criando uma estrela de cinco pontas. As cinco pontas da estrela encerram um "útero" central e dão forma a um pentágono defensivo e protetor no centro. O pentagrama pode ser traçado dentro de um círculo para que seu poder de proteção fique ainda mais forte.

Usos: O pentagrama tem sido considerado uma fonte de proteção contra o mal, por atuar como um escudo que defende seu portador, a casa ou qualquer ambiente da energia negativa. É por tradição usado também para atrair abundância e prosperidade. O pentagrama invertido é útil quando se quer investigar a fundo seu próprio mundo interior ou quando se pretende transmutar matéria tóxica, pois ele atrai um elemento e suas propriedades (como o poder purificador e revigorante do elemento Água, por exemplo) para onde ele é necessário.

Época: Não é preciso aguardar uma época especial. Trace o pentagrama quando for necessário. Se você estiver usando essa grade para atrair abundância ou no início de um projeto, espere até a primavera ou ao menos até a lua nova. Trace-o no solstício de verão, para trazer vitalidade para a sua vida, ou no solstício de inverno, para transmutar padrões tóxicos e começar um novo ciclo.

VOCÊ PRECISARÁ DE:
- 5 cristais apropriados
- 1 pedra angular para o centro

PARA MONTAR A GRADE:
1. Segure os cristais limpos nas mãos e afirme a sua intenção para a grade.
2. Posicione o primeiro cristal na ponta superior.
3. Siga o traçado até o segundo cristal, numa das pontas inferiores.
4. Posicione o terceiro cristal numa ponta lateral.
5. Posicione o quarto cristal na outra ponta lateral.
6. Posicione o quinto cristal na outra ponta inferior.
7. Ligue os cristais com o poder da mente, lembrando-se de retornar ao ponto de partida.

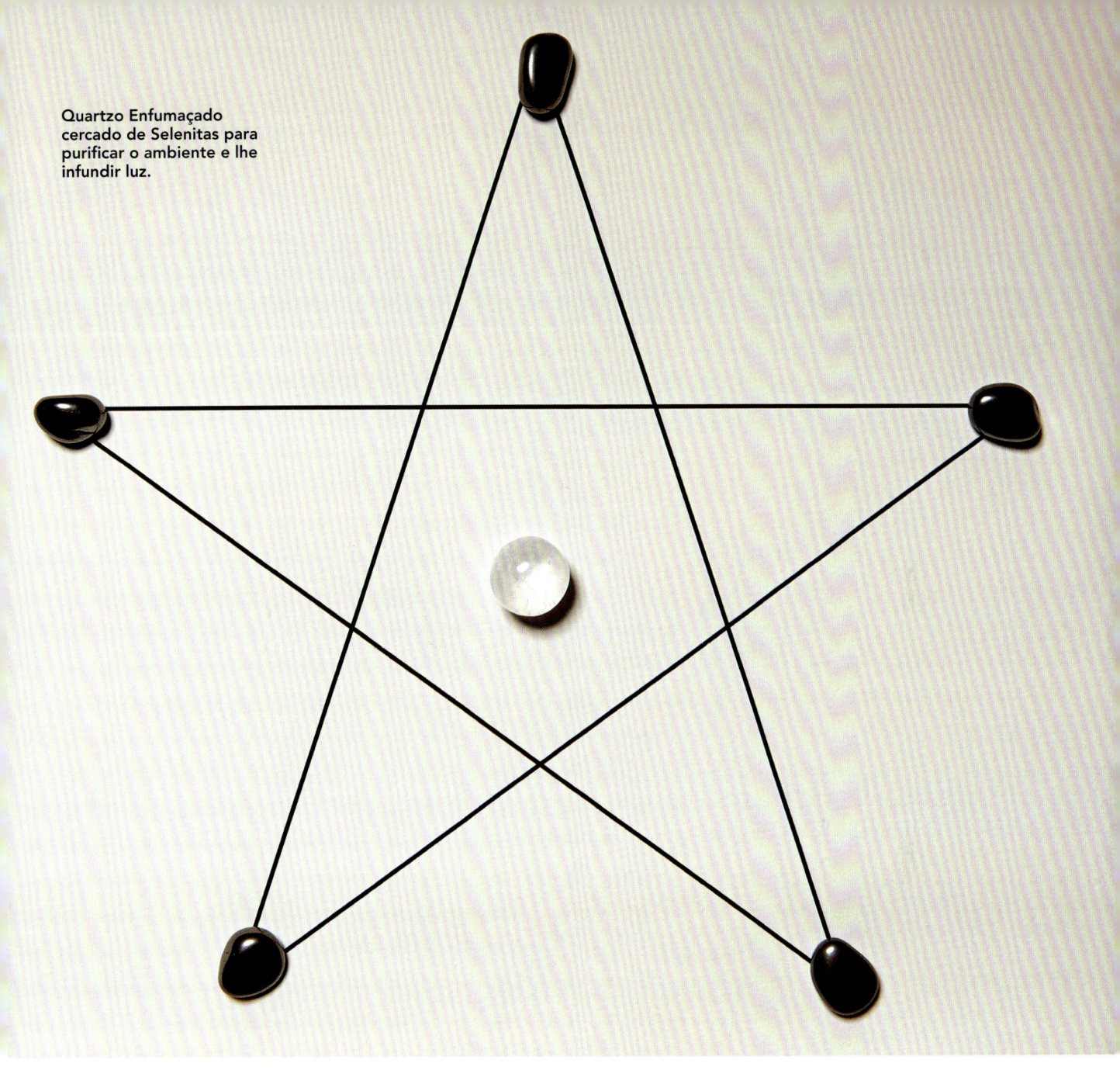

Quartzo Enfumaçado cercado de Selenitas para purificar o ambiente e lhe infundir luz.

8. Posicione a pedra angular no centro, afirmando sua intenção mais uma vez.
9. Quando estiver pronto para desmontar a grade, siga as instruções da p. 39.

Cristais sugeridos: Cristais de aterramento, proteção e ancoragem, cristais de limpeza; cristais portadores de luz, de alta vibração, cristais de abundância (ver p. 30).

HEXAGRAMA

PROTEÇÃO E LIMPEZA

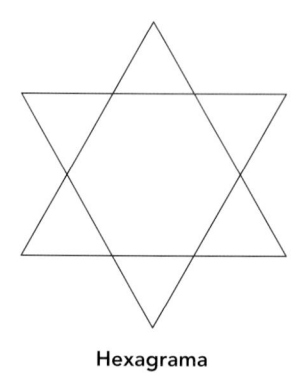

Conhecido como "Estrela do Criador", "Estrela de Davi", ou "Selo de Salomão", o hexagrama é outro antigo símbolo de proteção e unificação de forças opostas. O símbolo do chakra do Coração é o hexagrama. Na junção do céu e da terra, ele equilibra a energia primordial do universo: o amor. Ele nos lembra de que somos filhos do espírito e da terra. Embora tenha muitos usos ocultos, o símbolo em si é neutro (como o pentagrama); é seu uso que lhe confere um poder específico, positivo ou negativo. As seis pontas do hexagrama representam os seis dias da criação e os seis atributos de Deus: poder, sabedoria, majestade, amor, misericórdia e justiça.

Forma: Dois triângulos equiláteros interligados e sobrepostos criam o hexagrama perfeito, mas eles podem ser estendidos para preencher um espaço. O hexagrama unicursal, traçado com uma única linha, é particularmente útil em grades de unificação.

Usos: Esta grade equilibra os desejos íntimos com as necessidades do mundo exterior. O primeiro triângulo atrai a luz do Alto e a conserva dentro do espaço, enquanto o segundo triângulo purifica a toxidade e ancora a energia. É um excelente símbolo de proteção. Coloque o nome ou a fotografia de uma pessoa que precisa de ajuda no centro da grade, sob a pedra angular, e a energia protetora será irradiada para ela. Sente-se dentro do hexagrama para amenizar a agitação mental e combater a insônia, especialmente se a grade for composta de Auralitas 23 ou Ametistas.

Época: Não é preciso aguardar uma época especial. Trace o hexagrama quando for necessário.

VOCÊ PRECISARÁ DE:

- 3 cristais de limpeza
- 3 cristais portadores de luz
- 1 pedra angular para o centro

PARA MONTAR A GRADE:

1. Segure os cristais nas mãos e afirme a sua intenção para a grade.
2. Trace o primeiro triângulo, posicionando um cristal de limpeza em cada ponta.
3. Ligue as pontas e borrife na grade a essência de limpeza. (Use a radiestesia, explicada na p. 31, para saber se o triângulo deve estar apontado para cima ou para baixo.)
4. Posicione os cristais portadores de luz num triângulo sobreposto ao primeiro. Ligue as pontas, começando com o primeiro cristal que você posicionou.
5. Posicione a pedra angular no centro, afirmando sua intenção mais uma vez. Quando estiver pronto para desmontar a grade, siga as instruções da p. 39.

Cristais sugeridos: Cristais de aterramento, proteção e ancoragem ou limpeza no triângulo apontando para baixo. Cristais portadores de luz, de alta vibração, ou cristais de abundância no triângulo apontando para cima. (ver p. 30).

Hexagrama

Hexagrama unicursal

NOTA: Consulte a p. 22 para saber como usar o hexagrama unicursal para dissipar a névoa eletromagnética.

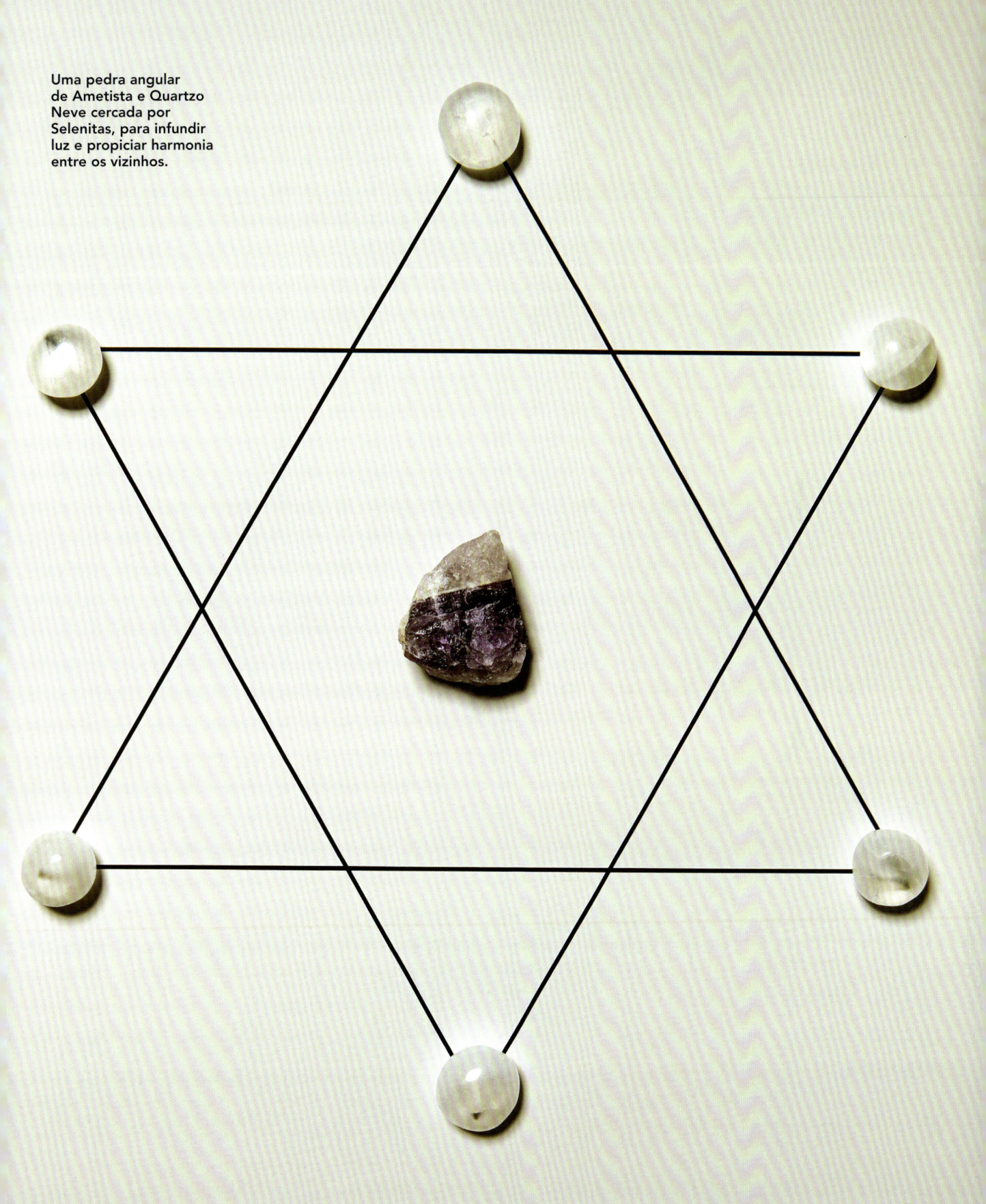

Uma pedra angular de Ametista e Quartzo Neve cercada por Selenitas, para infundir luz e propiciar harmonia entre os vizinhos.

GRADES BÁSICAS

QUADRADO

EQUILÍBRIO E SOLIDIFICAÇÃO

O quadrado é um dos traçados mais básicos e versáteis para uma grade. Uma configuração com simetria perfeita ancora a intenção e aterra a energia. Na sua forma mais simples, pode-se traçar o quadrado posicionando-se um cristal em cada um dos quatro cantos de um cômodo ou de uma cama. O poder dessa grade, no entanto, não se restringe ao seu perímetro. Como ele gera um cubo energético, pode ser usada para proteger uma casa ou edifício ou outro local específico. Por seu poder de proteção, a grade quadrada consolida a energia, equilibrando-a e solidificando-a. Ela também repele as energias nocivas e, portanto, cria um espaço seguro. Esta grade pode ser estendida posicionando-se cristais de aterramento do lado de fora do quadrado (ver p. 173), o que conserva a energia da grade por longos períodos de tempo e é particularmente útil para gradear uma casa.

Forma: O quadrado tem quatro lados e quatro ângulos iguais. No entanto, esse traçado pode ser adaptado para se ajustar à forma de um espaço. O quadrado pode ser estendido para os dois lados, tornando-se um retângulo, ou inclinado, para se tornar um paralelogramo. Nem todos os lados e ângulos do quadrado têm que permanecer iguais para que o seu efeito energético se evidencie.

Usos: O traçado quadrado protege o espaço do estresse geopático ou da névoa eletromagnética, e também cria um espaço seguro para você viver, trabalhar ou meditar. Monte esta grade em torno da cama, se você tem problemas para dormir, ou em torno de um cômodo, para acalmar a atmosfera e reduzir os níveis de ruído – ou monte-a em torno da cabeça para ter mais clareza mental. O quadrado também é usado em situações em que é preciso definir limites ou conter uma energia fora de controle. Por fim, os quadrados são excelentes para alinhar objetivos e construir comunidades.

Época: Não é preciso aguardar uma época especial. Trace o quadrado quando for necessário.

VOCÊ PRECISARÁ DE:

- 4 cristais de tipos e tamanho semelhantes
- 1 pedra angular para o centro, se apropriado

PARA MONTAR A GRADE:

1. Segure os cristais nas mãos e afirme a sua intenção para a grade.
2. Posicione o primeiro cristal num canto (ou use a radiestesia, explicada na p. 31, para saber qual cristal deve ser posicionado primeiro).
3. Posicione o segundo cristal no canto à direita do primeiro.
4. Posicione o terceiro cristal em frente ao primeiro.
5. Posicione o cristal final no último canto.
6. Ligue os cantos e cristais com uma varinha ou o poder da mente. Sinta a energia zumbindo ao longo da grade enquanto faz isso, ativando-a.
7. Se apropriado, coloque uma pedra angular tão perto do centro quanto possível para ancorar a energia. A ativação agora está completa.

Quadrado

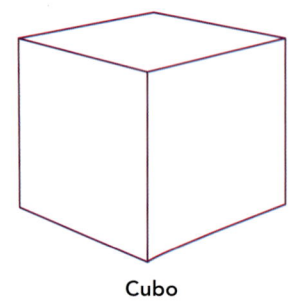

Cubo

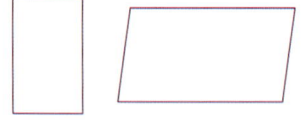

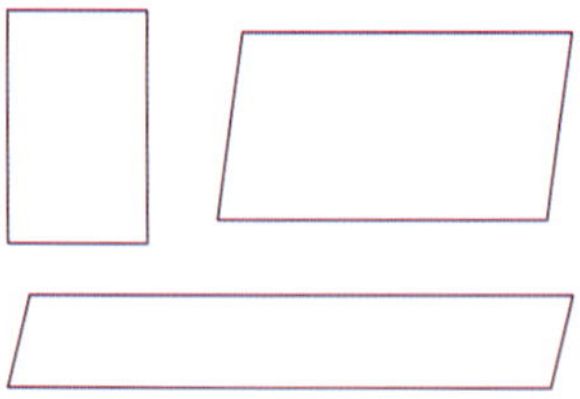

Retângulo e paralelogramos

NOTA:
Consulte a p. 172 para saber como usar o quadrado para se proteger contra a poluição eletromagnética e a p. 134 para ter mais clareza mental.

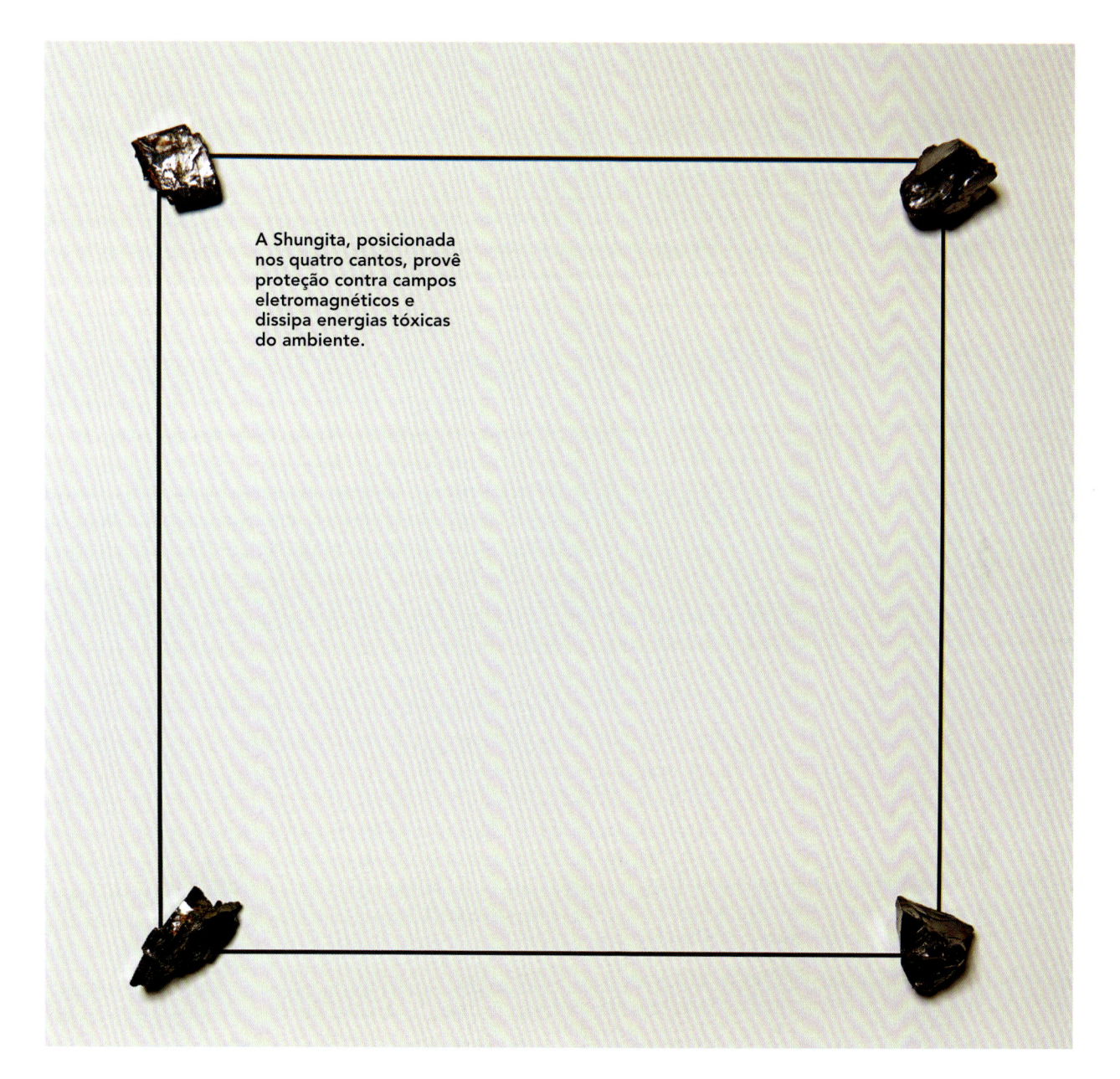

A Shungita, posicionada nos quatro cantos, provê proteção contra campos eletromagnéticos e dissipa energias tóxicas do ambiente.

8. Deixe a grade montada pelo tempo que for necessário. Esta é uma grande de proteção com um longo prazo de validade, por isso você pode mantê-la no lugar por muitos meses, só fazendo uma limpeza quando necessário.
9. Quando estiver pronto para desmontar a grade, siga as instruções da p. 39.

Cristais sugeridos: Cristais de aterramento, proteção, ancoragem ou limpeza (ver p. 30). A Shungita em conjunto com o Diamante de Herkimer é especialmente apropriada para esta grade, caso sua intenção seja se proteger contra campos elétricos e magnéticos.

ZIGUE-ZAGUE

LIMPEZA DO AMBIENTE

A estrutura em zigue-zague é inerentemente mais estável do que uma linha reta; é mais capaz de absorver o estresse, mantendo sua alta produção de energia. É ideal para montar em volta ou dentro de um edifício, para dar proteção e descarregar a estática ou a névoa eletromagnética.

Forma: Uma fileira de cristais é posicionada ao longo de uma parede que delimite o cômodo ou edifício, de uma extremidade a outra, em zigue-zague. Para proteger ou limpar o espaço, outra fileira é posicionada na parede oposta. (Essa fileira dupla é mais poderosa que uma única, porque retém a energia dentro do espaço.) Os cristais podem ser alternados. Coloque cristais de limpeza na parte superior, numa extremidade do zigue-zague, e cristais portadores de luz na outra.

Usos: O traçado em zigue-zague é particularmente útil para tratar a síndrome do edifício doente (ver p. 183) e neutralizar a poluição ambiental. Também é útil se você deseja acabar com a desordem ou fazer uma limpeza energética no ambiente.

Época: Não é preciso aguardar uma época especial. Monte a grade quando for necessário.

Zigue-zague

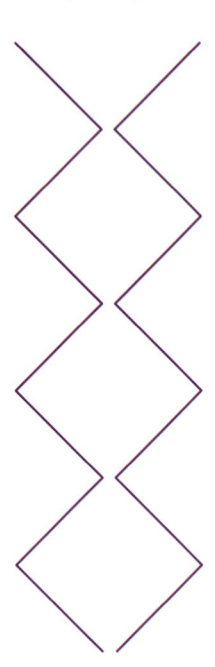

Zigue-zague duplo

O efeito energético. No zigue-zague duplo, a energia segue na direção do centro da grade e preenche todo o espaço, protegendo-o e transmutando sua energia.

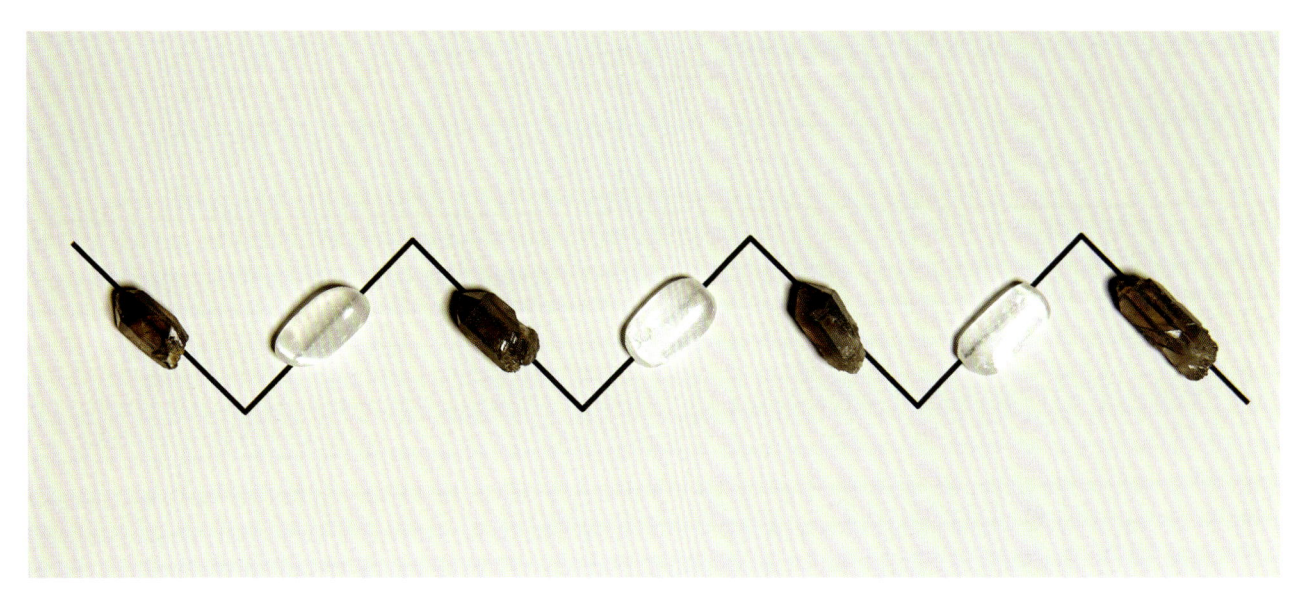

O Quartzo Enfumaçado e a Selenita são a combinação ideal para curar a síndrome do edifício doente.

VOCÊ PRECISARÁ DE:

- Cristais em número suficiente para cobrir todo o comprimento da parede em intervalos regulares
- Uma pedra de aterramento para ser posicionada em cada extremidade

PARA MONTAR A GRADE:

1. Segure os cristais nas mãos e afirme a sua intenção para a grade.
2. Posicione o primeiro cristal contra a parede esquerda. Comece por uma pedra de aterramento, se apropriado (use sua intuição para decidir).
3. Trace um zigue-zague por todo o trajeto, até a parede direita. Posicione uma pedra de aterramento no final, se for apropriado.
4. Se estiver criando o zigue-zague duplo, vá para a parede oposta e repita a operação.
5. Ligue os cristais com o poder da mente ou uma varinha de cristal. (Se fizer um zigue-zague duplo, caminhe de uma extremidade para a outra, e depois volte ao ponto de partida.)
6. Quando estiver pronto para desmontar a grade, siga as instruções da p. 39.

Cristais sugeridos: Turmalina Negra, Shungita, Quartzo Enfumaçado, Diamante de Herkimer, Selenita, Quartzo.

ESPIRAL

CONTROLE DA ENERGIA DE UM VÓRTICE

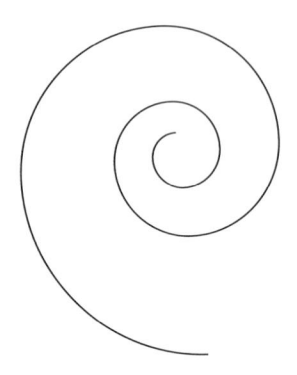

A espiral é uma das formas fundamentais pelas quais os organismos crescem. Ela cria um vórtice de energia, isto é, uma massa de energia giratória, gerada a partir de um ponto central e irradiada para fora ou sugada para dentro, dependendo da carga eletrostática. A espiral é uma base para acelerar o crescimento e alternar o potencial positivo do DNA. Dependendo da maneira pela qual é traçada, ela irradia energia para o centro – um cristal posicionado na parte superior da espiral inicia o processo – ou irradia energia a partir de um cristal posicionado no centro. Por isso, quando você estiver ligando os cristais com sua varinha ou com o poder da mente, não retorne ao primeiro cristal que posicionou. Em vez disso, percorra a espiral de energia afastando-se do centro ou no sentido contrário, dependendo da sua intenção. Você pode usar uma espiral dupla ou tripla (veja a grade complexa da p. 101), se quiser irradiar vibrações de transmutação e energização para a área circundante, pela maior distância possível.

Forma: Você pode traçar uma "espiral logarítmica perfeita" usando a Proporção Áurea (ver a ilustração à esquerda), mas isso não é essencial para o trabalho de gradeamento. Em vez disso, pode usar a radiestesia (ver p. 31) ou seguir a sua intuição para verificar se deve traçar uma espiral no sentido horário ou no anti-horário e para saber qual o número de cristais necessários para a sua grade.

Usos: A espiral pode reenergizar um espaço ou ajudar a impulsionar um projeto, enviando a ideia para o universo à sua frente. Use-o para irradiar um espaço "morto" ou vazio com energia cristalina, especialmente após uma limpeza energética. Esta é uma boa grade para se posicionar sobre um mapa ou fotografia.

Época: Trace a espiral a qualquer momento. No entanto, a grade para absorver energia é particularmente potente na lua nova, e a grade para irradiar energia é mais poderosa na lua cheia.

VOCÊ PRECISARÁ DE:

- Cristais em número suficiente para traçar a espiral
- Uma pedra angular para o centro ou para a extremidade

PARA MONTAR A GRADE:

1. Crie sua espiral. (Para isso você pode usar um barbante.)
2. Segure os cristais nas mãos e afirme a sua intenção para a grade.
3. Coloque o primeiro cristal (a pedra angular) no centro ou na extremidade da espiral, dependendo da sua intenção. (Se a grade servir para absorver energia, você deve posicionar a pedra exterior primeiro; se for para irradiar, posicione a pedra do centro primeiro.)

Espiral

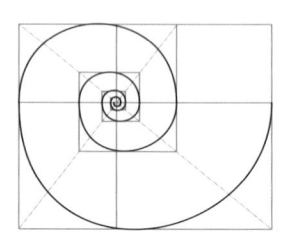

Espiral da Proporção Áurea

NOTA: Consulte a p. 40 para saber como usar a espiral para atrair abundância.

O Citrino e o Diamante de Herkimer irradiam energia da pedra angular, uma *Goldstone*, para o ambiente.

4. Trace a espiral, posicionando os cristais ao longo dela em intervalos.
5. Ligue os cristais com o poder da mente ou com uma varinha de cristal, lembrando-se de não voltar ao ponto de partida. Se você começou pelo centro, mova a varinha de modo a se afastar dele. Se começou pela borda externa, bata a varinha com firmeza ao chegar no centro e, em seguida, posicione a pedra angular ali.
6. Quando estiver pronto para desmontar a grade, siga as instruções da p. 39.

Cristais sugeridos: Citrino, Diamante de Herkimer, Selenita, Pedra do Sol, *Goldstone*, Quartzo Enfumaçado.

GRADES BÁSICAS

RAIO SOLAR

ENERGIZAÇÃO E REVITALIZAÇÃO

Como o próprio nome sugere, o traçado Raio Solar é extremamente energizante! Ele irradia energia para uma grande área, por isso é particularmente adequado para ser traçado no chão ou sobre um mapa. Embora normalmente se comece o traçado Raio Solar a partir do centro, pode ser útil usar a radiestesia (ver p. 31) ou a intuição para saber por onde começar a posicionar os cristais. Isso porque talvez seja preciso estabelecer primeiro um alinhamento direcional, ou seja, posicionar os cristais de acordo com as direções da bússola, e também saber se a pedra angular será posicionada primeiro (para que a grade irradie energia) ou por último (para que ela a absorva). O traçado, no entanto, sempre pode ser modificado posteriormente, para ajustar as energias.

Ao contrário do que acontece em muitas outras grades, este traçado não é ativado com a varinha, pois a intenção geralmente é irradiar a energia do modo mais amplo possível. Em vez disso, ative a grade com a mente. Quando estiver posicionando os cristais, lembre-se de que a ponta de um cristal canaliza a energia na direção para a qual está voltada. Se a ponta estiver voltada para você ou para um determinado local, é para lá que ela canalizará a energia. Se estiver apontando para fora, ela dispersará a energia.

Forma: A grade Raio Solar pode ter raios curtos ou longos, e eles podem ser simétricos ou assimétricos, ou uma mistura de ambos. Os cristais podem ser posicionados em fileiras ou simplesmente posicionados em cada extremidade ao redor de uma pedra angular central. A grade pode ser do tamanho que você quiser. Se estiver traçando uma grade grande, que permanecerá no lugar por muito tempo, use pedras brutas grandes e limpe-as e energize-as, conforme apropriado. Ou borrife-as com a essência Petaltone Z14, se pretende enterrar a grade na terra. (Sempre marque onde a grade está.)

Usos: As grades Raio Solar são principalmente energizantes, mas podem ter outras funções. Elas podem ser traçadas com cristais desintoxicantes, para oferecer limpeza e proteção contínua a uma área de poluição acentuada ou constante, por exemplo. Também podem ser usadas para direcionar a energia para um espaço em particular, com cristais de proteção apontando para o centro, do lado que precisa de proteção, e cristais de irradiação apontando para longe do centro, do lado oposto. E, por fim, a grade Raio Solar pode enviar cura através de grandes distâncias, para um destinatário específico (ver p. 174).

Época: Trace o Raio Solar a qualquer momento. No entanto, ele é mais potente na primavera, se a intenção é energizar, e antes do inverno, se for para desintoxicar.

Raio Solar assimétrico

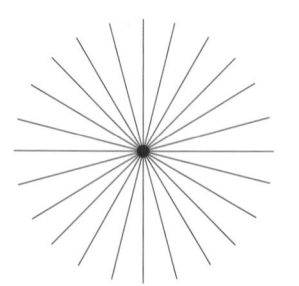

Raio Solar simétrico

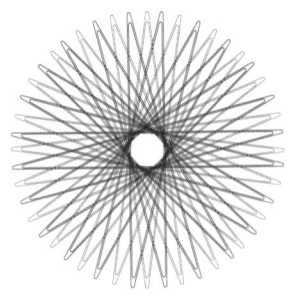

Efeito energético. A grade Raio Solar não emite a energia apenas em linha reta; ela também cria uma trama energética que irradia ou absorve energia, dependendo de como os cristais foram posicionados.

O Citrino e o Quartzo Enfumaçado irradiam a energia vibrante do Quarto Aura Sol Tangerina para o ambiente.

GRADES BÁSICAS | 69

VOCÊ PRECISARÁ DE:

- Cristais em número suficiente para cumprir seu propósito. (Antes de começar, use a radiestesia, explicada na p. 31, para determinar quantos e quais cristais usar.)

PARA TRAÇAR A GRADE:

1. Segure os cristais nas mãos e afirme sua intenção para a grade.
2. Use a radiestesia (ver p. 31) ou a intuição para posicionar os cristais limpos e posicioná-los na forma de raios solares. Você não precisa posicionar necessariamente a pedra central primeiro. Confie na sua intuição para lhe dizer quando posicioná-la na grade.
3. Fique no centro da grade (ou concentre sua atenção em seu centro) e afirme a sua intenção.
4. Ajuste a grade, alinhando os cristais cuidadosamente ou deixando que eles rolem até a posição que escolherem.
5. Verifique se os cristais estão na posição correta usando a radiestesia ou a sua intuição.
6. Ative a grade com o poder da mente.
7. Quando estiver pronto para desmontar a grade, siga as instruções da p. 39.

Cristais sugeridos: Cornalina, Quartzo Celta, Citrino, Quartzo, Jaspe Vermelho, Pedra do Sol, Quartzo Enfumaçado, Shungita, Pederneira, Hematita.

NOTA: Consulte a p. 174 para ter mais exemplos da grade Raio Solar.

GLOSSÁRIO DE CRISTAIS

CITRINO
O citrino dá a você energia para manifestar sua própria realidade e para atrair tudo o que precisa. Ele revigora o corpo e ativa o sistema imunológico. Combate doenças degenerativas, incentiva o fluxo de energia e equilibra os hormônios.

QUARTZO ESFUMAÇADO
Este cristal de cura versátil carrega as propriedades subjacentes do Quartzo. Funciona nos rins e em outros órgãos de eliminação, para remover as toxinas do corpo. Uma excelente pedra de aterramento para reequilibrar o corpo, o Quartzo Enfumaçado reforça a estabilidade corporal e evita crises de cura. Numa grade de cura, o Quartzo Enfumaçado absorve energia em desarmonia no ambiente. Com a ponta, ele transmuta energia negativa e irradia luz de cura.

PEDRA DO SOL
Pedra poderosa e energizante, a Pedra do Sol infunde a luz solar numa área ou no corpo físico, revitalizando-o instantaneamente. É particularmente útil nos dias sombrios do inverno.

JASPE VERMELHO
Conectado com o chakra da Base, o corajoso Jaspe Vermelho é uma pedra fisicamente revigorante, que transmite vitalidade e otimismo. Ela reabastece a energia perdida e pode energizar toda a grade.

A madeira petrificada sobre o chakra da Estrela da Terra ancora uma grade para purificar e equilibrar os chakras, composto de Jaspe Vermelho, Cornalina Laranja, Jaspe Amarelo, Aventurina Verde, Sodalita e Lápis-Lazúli.

NOTA:
Consulte a p. 80, a Árvore da Vida, para conhecer outra grade para os chakras.

72 | O GUIA DEFINITIVO DA GEOMETRIA SAGRADA COM CRISTAIS

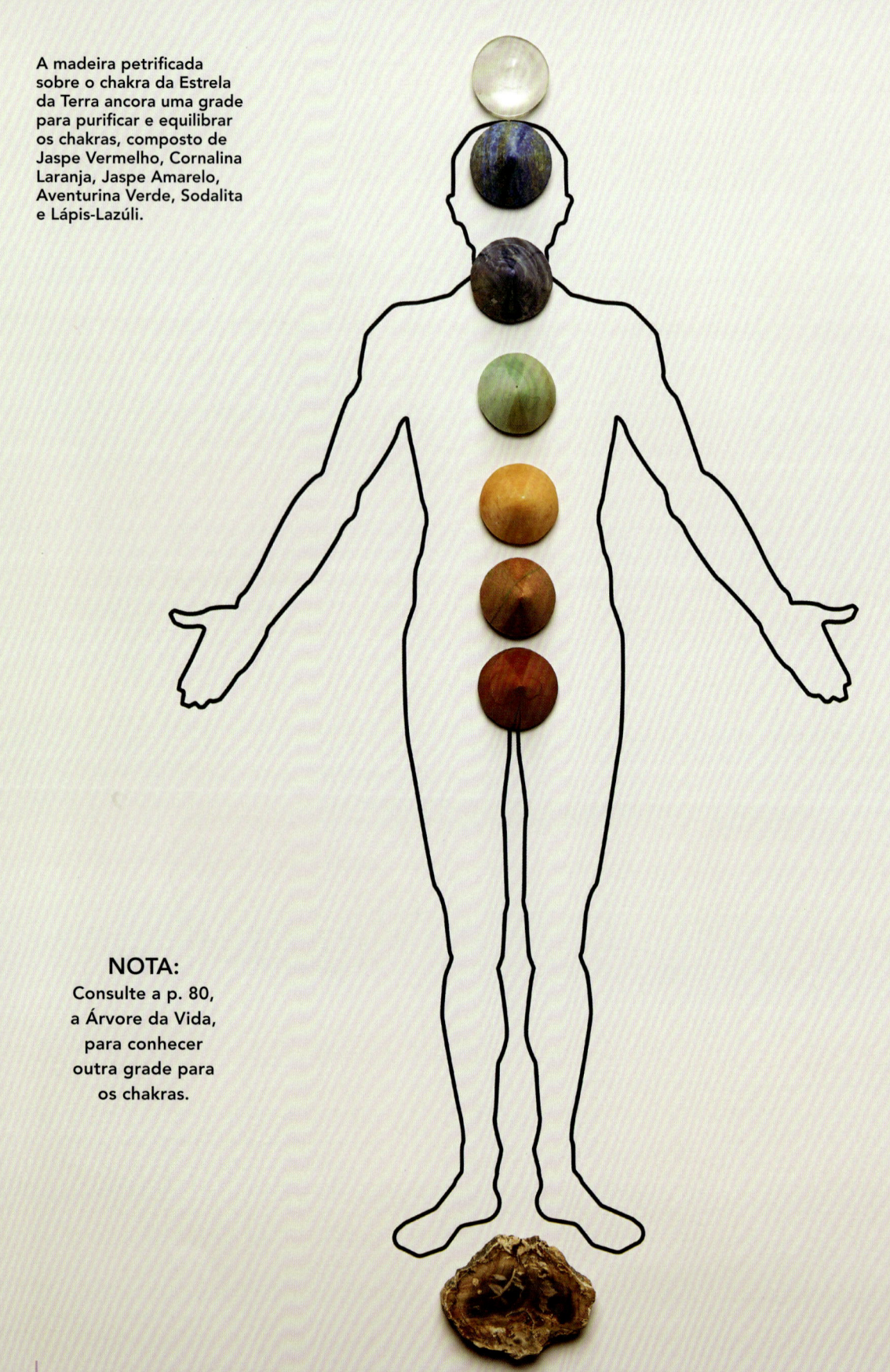

O CORPO

CURA E REEQUILÍBRIO

O nosso próprio corpo é uma grade. Os cristais podem ser posicionados sobre os chakras para purificá-los e reequilibrá-los, ou em torno do corpo e de órgãos específicos, para restaurar o bem-estar. Por exemplo, ao redor da cabeça, cristais como a Auralita 23 são particularmente eficazes para diminuir a agitação mental, propiciar a tranquilidade mental e reduzir o estresse (ver p. 132). Eles também podem ajudar a combater a insônia. Os cristais posicionados sobre os rins e as glândulas adrenais desligam a resposta de luta ou fuga, e é possível diminuir o estresse relaxando-se o músculo psoas (ver um exemplo de grade na p. 113).

Forma: Cristais apropriados podem ser posicionados sobre o corpo, desde os pés até a cabeça, para se traçar uma grade com o propósito de equilibrar os chakras, ou sobre e ao redor do corpo conforme necessário. A grade da Árvore da Vida (ver p. 80), por exemplo, é particularmente eficaz quando traçada sobre o corpo. É uma das mais poderosas grades físicas e também uma das mais simples. Só requer uma pedra sobre o chakra do Coração Superior, para estimular o sistema imunológico, e uma pedra de aterramento, como a Pederneira ou o Quartzo Enfumaçado, aos pés. Use o Heliotrópio ou o Quantum Quattro, ou use a radiestesia para determinar uma pedra.

Época: Trace a grade quando for necessário, ou na lua nova para a purificação e recarga completa dos chakras.

VOCÊ PRECISARÁ DE:

- Cristais de cura apropriados para a limpeza dos chakras

PARA TRAÇAR A GRADE:

1. Escolha um lugar e um horário em que você não será perturbado. Certifique-se de desligar o telefone celular.
2. Segure os cristais nas mãos e afirme a sua intenção para a grade.
3. Deite-se e cubra-se com uma manta, se necessário, de modo que fique aquecido e confortável.
4. Para traçar uma grade sobre ou ao redor do corpo físico, use a radiestesia (ver p. 31) ou a intuição, para determinar onde cada cristal deve ficar, e selecione as pedras usando o mesmo método. Você pode, por exemplo, posicionar um cristal apropriado em cada chakra. Em seguida, pode posicionar um cristal diretamente sobre um órgão ou região, como a garganta, ou posicionar os cristais em volta da cabeça para acalmar a mente e vencer a insônia. Se estiver traçando a grade sobre si mesmo, comece pelos pés e siga no sentido ascendente. Certifique-se de ter posicionado um cristal de aterramento e transmutação abaixo dos pés.
5. Deixe a grade montada por 10 a 20 minutos.
6. Retire os cristais na ordem inversa em que os posicionou. Siga as instruções da p. 39 para desmontar a grade.

Sugestões de cristais: Pederneira, Quartzo Enfumaçado, Jaspe Vermelho, Cornalina, Calcita Amarela, Aventurina Verde, Ágata Rendada Azul, Lápis-Lazúli, Quartzo, Cianita Azul, Jaspe Policromático, Jaspe Mocaita, Shungita, Quantum Quattro, Heliotrópio, Que Será. (Para ciclos de cura, ver p. 30. Para cores de cada chakra, ver p. 44.)

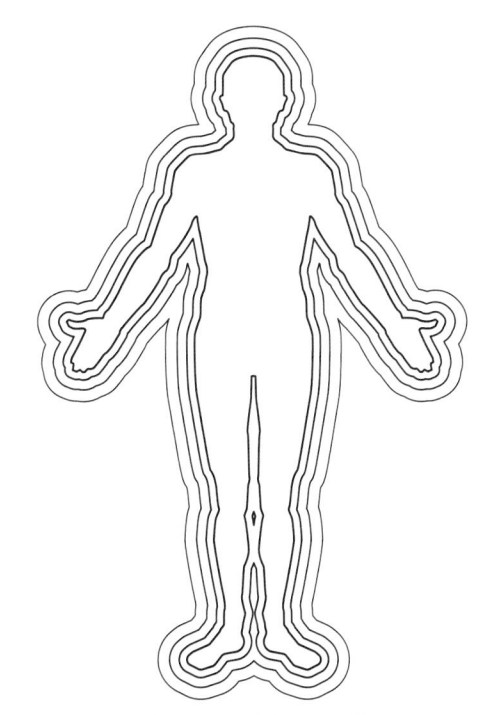

Os corpos físico e sutil

CAPÍTULO CINCO

GRADES AVANÇADAS

AS GRADES AVANÇADAS desta seção podem parecer complicadas, mas são tão fáceis de traçar quanto as grades básicas, do Capítulo 4. Basta seguir os modelos. Com uma ou duas exceções, como a Árvore da Vida (ver p. 80), elas são mais adequadas para se montar em casa, ao ar livre ou ao redor do corpo (em vez de sobre o próprio corpo), mas todas são extremamente versáteis. Algumas das grades mais complexas criam padrões energéticos muito poderosos e são mais adequadas para praticantes experientes. Essas grades podem exigir uma desmontagem cuidadosa, depois de terem cumprido o seu propósito (ver p. 39), pois a impressão energética deixada por elas é muito mais duradoura graças à geometria complexa da sua rede energética. Outras grades podem ser mantidas no éter (espaço energético) até se dissipar naturalmente, depois da remoção dos cristais. Tudo depende da finalidade para a qual elas foram montadas. Se uma grade foi montada para resolver um confronto, por exemplo, depois que ele foi sanado, a energia gerada pela grade precisa ser dissipada. Mas se a grade for para promover paz duradoura num ambiente ou numa situação, pode ser mantida no lugar para que sua energia se dissipe naturalmente, depois que os cristais foram removidos.

FLOR DA VIDA

A BASE DA CRIAÇÃO

A Flor da Vida é um dos símbolos sagrados mais antigos do mundo. Durante milhares de anos, foi considerado um símbolo do autoconhecimento – e do conhecimento do universo como um todo. Nesta grade, o posicionamento dos cristais precisa ser feito com precisão para que o fluxo de energia ao longo das linhas possa ser controlado, embora, ocasionalmente, um cristal possa querer sair da sua posição para abrir espaço e permitir que algo novo ocorra. Se você voltar a posicioná-lo e ele se mover novamente, saiba que o cristal sabe melhor do que você o que é preciso.

Forma: A Flor da Vida cresce a partir da *Vesica Piscis* (ver p. 52) através da simetria sêxtupla, o que significa que o padrão se replica em torno do seu ponto central, com seis eixos que permanecem constantes, independentemente de quantas vezes a grade é expandida. O padrão é o mesmo de qualquer ângulo que a grade seja vista, e o efeito energético é tridimensional. Múltiplos círculos sobrepostos, todos com o mesmo diâmetro, criam um padrão semelhante a uma flor. O centro de cada círculo está localizado na circunferência de um dos círculos circundantes. Dezenove círculos sobrepostos criam treze arcos ao redor da borda de uma flor ilimitada. Mas existem muitas outras formas dentro da Flor também (ver páginas 12 a 14). A Semente da Vida está no centro da flor e pode ser usada como uma grade por si só. Seus sete círculos sobrepostos criam um padrão semelhante a uma flor, bela em sua simplicidade. Um círculo externo forma uma barreira protetora contra a negatividade e a invasão de forças externas, enquanto o círculo interno representa a concepção, em que o esperma e os óvulos se unem antes de se dividir em células individuais. Seis células se agrupam em torno do núcleo central para criar uma nova vida, uma característica encontrada também na grade do Fruto da Vida (ver p. 168).

Usos: A Flor da Vida e a Semente da Vida são particularmente poderosas em grades de manifestação, que impulsionam metas e desejos na direção de uma conclusão bem-sucedida, ou em grades protetoras, traçadas para elevar a energia dentro de uma área. A grade também pode ser usada para equilibrar os chakras do corpo físico e o vórtice de energia aponta para o ambiente imediato ou mais amplo, para a cura da Terra. É também um foco útil para a meditação e para enviar cura à distância para outras partes do mundo, para atender às necessidades de um indivíduo ou para uma calamidade pública, como fome ou desastres naturais.

Época: Você pode traçar a grade da Flor da Vida a qualquer momento, mas ela pode ser extremamente eficaz quando traçada na lua cheia. A Semente da Vida é particularmente poderosa quando traçada na lua nova ou na primavera.

NOTA: Consulte as pp. 162 e 164 para exemplos de grades baseadas na Flor da Vida.

A Ametista, o Diamante de Herkimer e o Quartzo Enfumaçado irradiam, nesta grade Flor da Vida, uma energia calmante e amor universal para o ambiente.

GRADES AVANÇADAS | 77

Flor da Vida sem bordas

Flor da Vida com bordas

A Semente da Vida

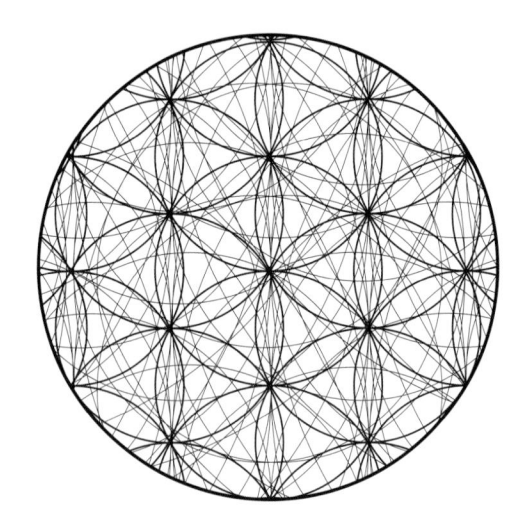

Efeito energético
A Flor da Vida replica e irradia energia harmoniosa em todas as direções igualmente, mas o fluxo pode ser controlado pelo padrão de cristais sobrepostos, de acordo com a intenção da grade.

VOCÊ PRECISARÁ DE:

- Um modelo
- Cristais limpos e energizados, de acordo com a grade que você deseja montar dentro da Flor
- Cristais em número suficiente para traçar o círculo externo, se quiser uma grade com bordas
- Pedra angular para ativar a grade

PARA MONTAR A GRADE:

1. Se estiver traçando a Flor da Vida completa ou a grade interna da Semente da Vida, você precisará de um modelo para seguir, pois o posicionamento preciso é importante. Coloque o modelo sobre um fundo colorido ou um material adequado para o seu propósito (ver pp. 20 a 21).
2. Segure os cristais nas mãos e afirme a sua intenção para a grade.
3. Posicione a pedra angular no centro da grade para ancorá-la.
4. Com atenção focada, posicione um cristal no centro de cada forma de flor.
5. Posicione os cristais irradiando sua energia ao longo das pétalas de cada flor ou ao longo dos arcos, de acordo com o que agradar ao seu olho interior. Confie na sua intuição.
6. Trace o círculo externo com cristais de proteção, se estiver criando uma grade com bordas.
7. Para ativar a grade, olhe para ela com os olhos levemente desfocados até a energia "acender" a grade. (Se você não é um praticante experiente, isso pode ser algo que você apenas sinta ou intua, em vez de ver com os olhos físicos.)
8. Para desmontar a grade, remova a pedra angular e, em seguida, os cristais na ordem inversa em que os posicionou. O espaço em que a grade é traçada vai certamente exigir um som ou uma essência de limpeza (ver p. 29) para que a energia se dissipe completamente, visto que a impressão energética é duradoura.

Sugestões de cristais: Cristais associados aos chakras (ver p. 44), Quartzo, Diamante de Herkimer, Quartzo Rosa, Rodocrosita, Quartzo Enfumaçado, Cianita Azul, Topázio Imperial, Rodozita

ÁRVORE DA VIDA

A NATUREZA DO DIVINO

A Árvore da Vida é usada na Cabala, a antiga prática mística judaica, para a compreensão da natureza da divindade e do modo como o mundo foi criado. Retratando a descida do espírito até a matéria, ela é considerada, pelos praticantes, como um "mapa da realidade", cada um dos trinta e dois caminhos levando a uma expansão do conhecimento da divindade ou da sabedoria da mente universal. Em certas abordagens, ela é o caminho para se conhecer Deus ou o Eterno; em outras, é o caminho para se conhecer o eu. A Árvore da Vida Celta é traçada com ramos que se estendem para o céu e raízes penetrando na terra abaixo, mas os ramos e as raízes se ligam num círculo, simbolizando a crença druida na conexão entre o céu e a terra e a natureza eterna da vida cíclica e da vida após a morte.

Forma: A Árvore da Vida se origina do centro da Flor da Vida (ver p. 15). Ou, na visão celta, é traçada como uma árvore com as raízes penetrando nas entranhas da Terra e os galhos subindo em direção ao céu, unidos pelo tronco. Em algumas figuras celtas, os ramos e as raízes também se encontram (veja a esquerda). A Árvore da Vida pode ser estendida e expandida para cobrir todo o corpo humano (ver p. 126) ou uma área ao ar livre.

Usos: Na grade, os cristais são posicionados nos dez pontos principais da Árvore Cabalística para propiciar integração, uma vez que a Árvore da Vida é usada para grades que equilibram os planos celeste e terreno ou que conduzem a uma compreensão espiritual mais profunda. A Árvore da Vida Cabalística é particularmente útil para ser traçada sobre ou ao redor do corpo, para equilibrar os chakras e a aura (ver p. 126). Por isso, pode ser enterrada ou traçada num ambiente externo, onde pode ficar montada no lugar por longos períodos de tempo. A Árvore da Vida Celta é a grade perfeita para se traçar em casa, para curar a linhagem ancestral (ver p. 176) e perdoar o passado, mas requer um tecido ou base em que a árvore possa ser impressa, para que os cristais sejam posicionados de modo a oferecer os melhores resultados.

Época: A Árvore da Vida pode ser traçada a qualquer momento, mas a Árvore Celta é particularmente eficaz quando ajustada de acordo com os ciclos e estações do ano, alterando-se os cristais nos solstícios e equinócios.

VOCÊ PRECISARÁ DE:

- Um modelo e um fundo apropriados
- Pedras angulares e pedras de aterramento
  Para a Árvore Cabalística: 10 cristais apropriados
  Para a Árvore Celta: Uma seleção de cristais portadores de luz, de aterramento e desintoxicantes (ver p. 30)

Árvore da Vida Cabalística

Árvore da Vida Celta

NOTA:
Para montar a grade cabalística e equilibrar os chakras, consulte a p. 126. Para traçar a Árvore Celta para a cura ancestral, consulte a p. 176.

Uma Shungita polida como pedra de aterramento, abaixo de uma pirâmide de Malaquita; uma Turquesa Africana; uma Ágata Rendada Azul como pedra angular; Cornalinas Laranja; Quartzos Rosa e Selenitas portadoras de luz limpam os chakras e melhoram o fluxo energético ao redor do corpo.

PARA MONTAR A GRADE:

1. Selecione o modelo e a cor do plano de fundo, de acordo com a sua intenção.
2. Segure os cristais nas mãos e afirme a sua intenção para a grade.
3. Se você está traçando a Árvore Cabalística para expandir a sua percepção, comece por posicionar uma pedra de aterramento na base, e depois vá subindo pela árvore, usando os cristais apropriados. Coloque sua pedra de aterramento no ponto central da grade (três círculos a partir da base).
4. Se está traçando a Árvore Cabalística para atrair energia divina para a matéria, comece posicionando a pedra angular no círculo superior e, em seguida, vá para a base, onde você posicionará a pedra de aterramento.
5. Ligue os cristais com uma varinha de cristal ou com o poder da mente.
6. Para desmontar a grade, remova a pedra angular e, em seguida, os cristais na ordem inversa em que os posicionou. O espaço em que a grade é traçada vai certamente exigir um som ou uma essência de limpeza (ver p. 29) para que a energia se dissipe completamente, visto que a impressão energética é duradoura.

Cristais sugeridos: Ancestralita, Jaspe Kambaba, Quartzo Celta, Berço da Vida (Espécie Humana), Pedra da Liberdade, Hematita, Dumortierita, Anandalita®, Selenita, Calcita Amarela, Calcita Verde, Calcita Transparente.

CUBO DE METATRON

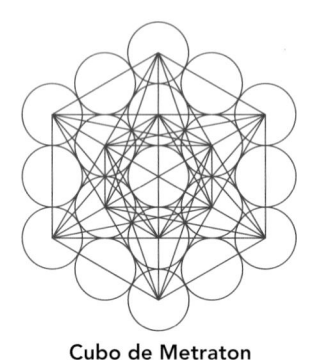

O MAPA DO MULTIVERSO

O Cubo de Metatron é um conector complexo e multidimensional, isto é, ele liga energeticamente todas as dimensões. Originário da Flor da Vida e do Fruto da Vida, o Cubo abrange os quatro pontos cardiais (norte, sul, leste e oeste), mais o "acima", ou o divino, e o "abaixo", ou o terreno. O Cubo era usado, pelos antigos alquimistas, como um veículo para a criação, ou para a contenção. Dizem que é um mapa da criação, que assinala o "Big Bang" e a energia sempre em expansão que surgiu desse evento. Mas, em vez de ser um único universo, ele é um mapa do multiverso: os universos finitos e infinitos possíveis, incluindo o universo em que vivemos e os mundos natural e sobrenatural. Essa é a noção de um multiverso que se expande no espaço-tempo e vai até o nível quântico da criação, por isso essa é uma grade perfeita para pessoas com experiência no trabalho com cristais e para trabalhadores da luz, no estudo de todas as facetas da consciência e do mundo quântico, que está ao mesmo tempo em todos os lugares e em lugar nenhum. Ele ajuda a ir além dos limites da realidade cotidiana, consensual, rumo à verdadeira natureza do que realmente existe além da nossa atual consciência limitada – isto é, rumo ao infinito. Então, essa também é a forma ideal se você não tiver certeza de qual é o seu propósito divino (ou terreno), e precisa descobrir qual é o seu papel nesta encarnação.

Forma: Treze círculos iguais com linhas que se irradiam e se conectam, criando uma dimensão unidimensional da imagem do Cubo de Metatron. Porém, do ponto de vista energético, ele é muito mais poderoso do que isso. É um turbilhão pulsátil e multidimensional, que se vale das pedras de aterramento posicionadas nos círculos exteriores para manter a energia aterrada e contida, de modo que ela possa agir aqui no plano terreno. Os círculos representam a energia feminina; as linhas retas, a energia masculina. A configuração também representa cinco elementos fundamentais: Fogo, Terra, Ar, Metal e Madeira. Em última análise, essa grade, que contém todos os sólidos platônicos, é uma combinação das forças que mantêm o universo em equilíbrio.

Usos: Nomeado em homenagem ao arcanjo Metatron, que facilita a comunicação entre os reinos humano e angélico, esta é uma grade de cocriação, inspiração e transformação. É perfeita para quando você precisa pedir a ajuda dos anjos. Por exemplo, ela pode ajudar a trazer um anjo guardião até você quando se sentir perdido ou precisar de conforto, ou quando precisar de proteção. Ele também pode ajudar com o seu desenvolvimento espiritual: o ser angélico que atua como seu guia e mentor. A grade também pode ser usada quando você deseja substituir um pensamento ou padrão negativo por outro positivo.

Uma das principais funções do cubo é facilitar a exploração da vastidão da consciência e da criação. Trace-o e medite com ele em silêncio, permitindo que seus olhos e sua mente percorram suas camadas, guiados pelo seu Eu Superior. Observe enquanto as formas individuais tornam-se visíveis, então recuam de volta para o todo. As cores tradicionais do Metatron são o violeta, o cor-de-rosa e o verde-escuro, mas você pode escolher as cores dos cristais, para que combinem com o arcanjo da sua escolha (ver p. 153).

Época: Trace o cubo quando for necessário. No entanto, ele é um instrumento particularmente poderoso quando traçado no solstício de inverno ou no Ano-Novo.

Cubo de Metraton

NOTA:
Consulte a p. 142 para conhecer outro uso desta grade

Malaquita e Quartzo Rosa em torno de um Quartzo Transparente central, como pedra angular, podem ajudar a evocar o arcanjo Metatron.

GRADES AVANÇADAS

VOCÊ PRECISARÁ DE:

- Um modelo apropriado e um fundo colorido
- 6 cristais limpos e energizados
- Uma pedra angular
- 6 pedras de aterramento

PARA MONTAR A GRADE:

1. Escolha um local em que a grade possa permanecer sem ser tocada. Se você deseja uma conexão com os anjos, um altar em casa é o ideal.
2. Coloque o modelo sobre o fundo colorido ou um material apropriado para o seu propósito.
3. Segure os cristais nas mãos e afirme a sua intenção para a grade.
4. Posicione os seis cristais do círculo interno primeiro.
5. Posicione as seis pedras de aterramento do círculo exterior. (Se você quer substituir um pensamento negativo ou padrão, use pedras portadoras de luz no círculo interno e pedras desintoxicantes no círculo externo.)
6. Posicione a pedra angular no centro e reafirme a sua intenção.
7. Medite em silêncio com os olhos levemente desfocados e semicerrados, até a grade ser ativada. (Você poderá sentir a mudança na energia. Algumas pessoas sentem isso num nível sutil; outras podem notar uma forte sensação física, como uma espécie de "efervescência" no corpo; enquanto outras ainda sentem o corpo "dar um pulo" quando a ativação ocorre.)
8. Use uma varinha ou o poder da mente para rastrear todas as linhas da grade. (Se você está combatendo um pensamento negativo, traga à mente o pensamento ou o padrão positivo que irá substituí-lo. Certifique-se de que seu pensamento ou intenção seja reafirmado no tempo presente, não no futuro. Por exemplo, se a sua intenção é combater os pensamentos negativos que você tem sobre o seu corpo, você pode dizer: "Aceito o meu corpo forte, saudável e cheio de vida").
9. Para desmontar a grade, remova a pedra angular e, em seguida, os cristais na ordem inversa em que os posicionou. O espaço em que a grade é traçada vai certamente exigir um som ou uma essência de limpeza (ver p. 29) para que a energia se dissipe completamente, visto que a impressão energética é duradoura.

Sugestões de cristais: Cristais de limpeza e portadores de luz (ver p. 30), Anandalita®, Amazez, Auralita 23, Ametista Vera Cruz, Quartzo Aura Anjo, Calcita Asa de Anjo, Angelita, Celestita, Larimar, Pederneira, Quartzo Rutilado, Petalita, Quartzo Enfumaçado, Selenita. Veja também os cristais dos arcanjos na p. 153.

GLOSSÁRIO DE CRISTAIS

MALAQUITA
A Malaquita é uma pedra de poder para quem deseja uma intensa transformação interior e uma catarse na alma. Este cristal é implacável ao expor as imperfeições da personalidade, padrões ultrapassados, bloqueios e amarras que devem ser resolvidos para que você possa evoluir espiritualmente. Ela exige que você assuma a responsabilidade por seus pensamentos, sentimentos e ações. Isso a torna um excelente purificador kármico e anímico, ativando o propósito da sua alma.

QUARTZO ROSA
O Quartzo Rosa cura as emoções e transforma o relacionamento consigo mesmo e com os outros, atraindo amor e harmonia. Este cristal de proteção áurica e cardíaca traz vibrações de amor ao seu coração e seus corpos etéricos sutis. Num nível metafísico, o Quartzo Rosa estimula o Terceiro Olho, fortalecendo o poder de escriação e a abertura da clarividência para melhores níveis de orientação.

AURALITA 23
Este cristal de várias camadas e vibração extremamente alta traz paz e clareza profundas, conservando-as, assim como faz com a sabedoria das eras.

ANANDALITA®
Um cristal de vibração extremamente alta, a Anandalita® atrai para a terra a sabedoria cósmica e se conecta com seres celestiais e arcanjos.

MERKABAH (ESTRELA TETRAÉDRICA)

O VEÍCULO DA LUZ

O Merkabah é uma ferramenta para a evolução espiritual pessoal, que aumenta a frequência do corpo humano, de modo que ele acesse a energia da Fonte, a energia subjacente à toda a criação. Trata-se de um símbolo antigo, e seu nome deriva da palavra hebraica *Merkava*, que significa "carruagem". No Antigo Testamento, era o veículo por meio do qual podia-se alcançar o trono de Deus. Hoje, o Merkabah é usado para reestruturar o corpo de energia humana através do fluxo de *Qi* (força vital). Por tradição, o Merkabah é usado para proteção e regeneração celular. Simbolizando fusão, unidade e perfeita harmonia, ele une os hemisférios direito e esquerdo do cérebro, estimulando a glândula pineal (que está ligada ao "Terceiro Olho"). No nível material, o Merkabah propicia uma mente equilibrada e uma vida pacífica. Auxilia na manifestação do Amor em todas as suas formas.

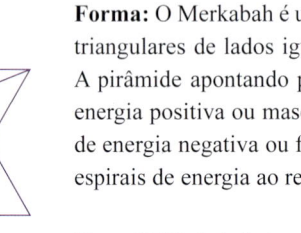

Forma: O Merkabah é um polígono tridimensional regular construído a partir de oito pirâmides triangulares de lados iguais (tetraedros): quatro pirâmides cercam as duas pirâmides centrais. A pirâmide apontando para cima liga-se ao céu, ou à energia universal, e é *yang*, o fluxo de energia positiva ou masculina. A pirâmide apontando para baixo liga-se à terra e é *yin*, o fluxo de energia negativa ou feminina. A energia de cada pirâmide gira em direções opostas, criando espirais de energia ao redor do corpo.

Usos: O Merkabah é um instrumento para a ascensão, isto é, para elevar a vibração do campo de energia humano ou do planeta. Use a grade do Merkabah para induzir estados profundos de meditação ou transe. Ela pode criar um escudo protetor de alta frequência ao redor do corpo espiritual, o que ajuda a induzir e manter esses estados meditativos, pois o efeito protetor desse escudo persiste mesmo depois da meditação. O Merkabá alinha e estabiliza os chakras e os corpos sutis de energia e também impede que a energia negativa do ambiente, como mau-olhado ou campos eletromagnéticos, atinja o corpo físico. Esta é uma boa grade para casos de síndrome do edifício doente, por exemplo.

Época: Não é preciso aguardar uma época especial. O Merkabah pode ser usado a qualquer momento.

Merkabah

Merkabah tridimensional

O efeito energético
As espirais de energia em torno de uma Merkabah ou se expandem para abranger um espaço e servir como ponte entre as dimensões, ou envolvem o corpo todo, incluindo os corpos energéticos que cercam o físico, penetrando profundamente nos espaços entre as células e elevando a frequência do corpo como um todo.

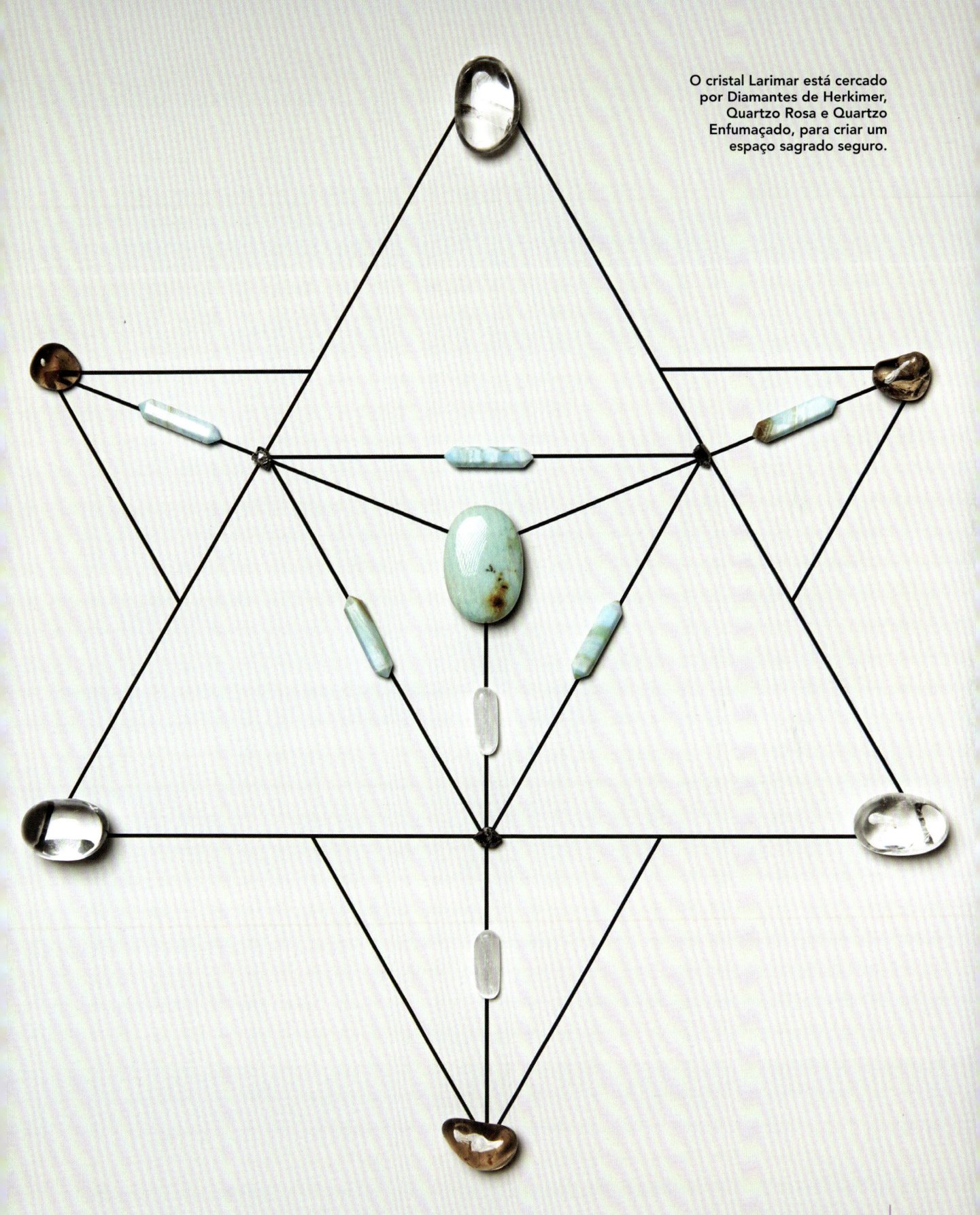

O cristal Larimar está cercado por Diamantes de Herkimer, Quartzo Rosa e Quartzo Enfumaçado, para criar um espaço sagrado seguro.

GRADES AVANÇADAS

VOCÊ PRECISARÁ DE:

- Um modelo apropriado e um fundo colorido (ver pp. 20-21)
- Cristais portadores de luz e de aterramento em número suficiente para montar a grade
- Uma pedra angular
- Uma varinha de cristal

PARA MONTAR A GRADE:

1. Defina a localização da grade usando a radiestesia (ver p. 31) ou a intuição. A menos que pretenda montar a grade sobre ou em volta do corpo, o ideal é escolher um lugar em que ela não seja tocada.
2. Coloque o modelo sobre o fundo colorido ou um material apropriado para sua finalidade.
3. Segure os cristais nas mãos e afirme a sua intenção para a grade.
4. Trace o triângulo maior, apontado para cima, com cristais portadores de luz.
5. Conecte o triângulo com a varinha de cristal. (Usar a varinha de cristal – e não apenas o poder da mente – é o ideal para esta grade, pois isso o ajuda a se manter focado ao criar a forma.)
6. Trace o triângulo maior, apontado para baixo, com os cristais de aterramento.
7. Conecte o triângulo com a varinha de cristal.
8. Use a radiestesia (ver p. 31) ou a intuição para saber que linhas delinear com cristais.
9. Posicione a pedra angular no centro e afirme a sua intenção novamente.
10. Use uma varinha de cristal ou o poder da mente para traçar o triângulo interno e observe a grade se "acender".
11. Se estiver usando a grade para meditação ou fins metafísicos, olhe para a grade com os olhos levemente desfocados, até que possa vê-la em sua mente antes de fechar os olhos.
12. Se estiver usando a grade para melhorar um ambiente, deixe-a sobre um altar ou outra localização adequada.
13. Para desmontar a grade, remova a pedra angular e, em seguida, os cristais na ordem inversa em que os posicionou. O espaço em que a grade é traçada vai certamente exigir um som ou uma essência de limpeza (ver p. 29) para que a energia se dissipe completamente, visto que a impressão energética é duradoura.

Sugestões de cristais: Cristais de limpeza e portadores de luz (ver p. 30), Anandalita®, Calcita Merkabita, Cianita Azul, Quartzo Fogo e Gelo, Labradorita, Quartzo Trigônico, Petalita, Danburita, Turmalina Paraíba, Larimar.

GLOSSÁRIO DE CRISTAIS

DIAMANTE DE HERKIMER ENFUMAÇADO
O Herkimer Enfumaçado é uma pedra de alta vibração e por isso uma excelente ferramenta para a limpeza psíquica. Protege contra a poluição eletromagnética ou geopática e neutraliza seus efeitos nos corpos sutis.

QUARTZ TRANSPARENTE
O quarto transparente age nos níveis multidimensionais do ser. Por gerar eletromagnetismo e propagar eletricidade estática, essa pedra é um instrumento extremamente poderoso para efeturar curas e amplificar energias.

LARIMAR
A serena Larimar Azul oferece libertação das limitações autoimpostas e cria uma sensação de paz através da descoberta da verdade. Pode ser usada no trabalho multidimensional e celular, e para estimular o chakra do Coração e os chakras superiores.

CIANITA AZUL
A tranquila Cianita Azul é um dos poucos cristais que não possuem energia negativa (mas mesmo assim, deve passar por uma limpeza). Sua alta vibração transfere rapidamente a energia e cria novos recursos energéticos e caminhos neurais, atuando como uma ponte universal. Abre as capacidades mediúnicas e ativa os chakras superiores, alinhando-os com os corpos sutis.

ESTRELA DE DOZE PONTAS (MERKABAH DUPLO)

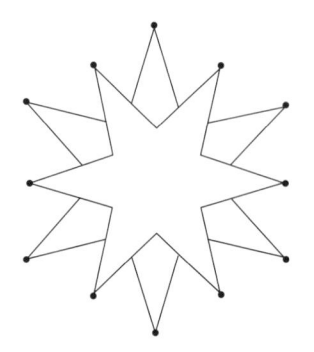

A DOADORA DE LUZ

Na Grécia Antiga, a estrela de doze pontas era um símbolo da energia revigorante do sol. Ela liga os quatro elementos (Terra, Ar, Fogo e Água), e esse fluxo elementar de energia é uma força poderosa para ativar a glândula pineal, despertar a consciência superior e facilitar a comunicação com seres superiores. A estrela irradia energia numa área ampla, mas é particularmente útil para impulsionar projetos em andamento, como a construção de uma casa, a redação de um livro ou o treino para uma maratona.

Forma: A estrela de doze pontas é traçada sobrepondo-se duas grades de hexagrama (Estrelas de Davi) ou duas estrelas sobrepostas em ângulos de 45 graus entre si.

Usos: Na sua forma mais simples, você pode usar a estrela de doze pontas para preencher uma área com luz e energia, assim como usaria uma grade Raio Solar (ver p. 68). Basta posicionar um cristal em cada ponta, além de uma pedra angular. Use a Estrela de Davi dupla para impulsionar novos projetos e manter sua energia em movimento; eles terão mais chance de se concretizar.

Época: A estrela de doze pontas pode ser traçada a qualquer momento, mas é particularmente poderosa quando traçada no início de um novo empreendimento. Comece novos projetos no Ano-Novo, após o solstício de inverno ou na primavera, e não perto do final do ano.

Traçado da estrela dupla

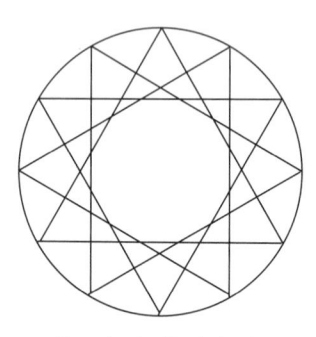

Estrela de Davi dupla

NOTA: Consulte a p. 50 para saber como usar a estrela de doze pontas para se comunicar com os anjos.

VOCÊ PRECISARÁ DE:

- Um modelo apropriado e um fundo colorido
- 3 cristais ativadores
- 3 cristais de manutenção
- 3 cristais de aterramento
- 3 cristais vermelhos que representam o Fogo (espírito)
- 3 cristais enfumaçados que representam a Terra (praticidade)
- 3 cristais transparentes que representam o Ar (ideias)
- 3 cristais azul-turquesa que representam a Água (sensação)
- 6 cristais de intenção
- 3 cristais de aterramento de alta vibração, como o Herkimer Enfumaçado ou o Quartzo Elestial
- Uma pedra angular

PARA MONTAR A GRADE:

Fase 1: Planejamento
Primeira semana: Defina a localização da grade – por meio de radiestesia, intuição ou o baguá da p. 34 – e posicione o seu modelo onde ele não será tocado durante o período em que durar o projeto.

O Quartzo Espírito no centro da grade é a pedra angular que sustenta os alicerces de um centro comunitário, cujo objetivo é agregar sua diversidade étnica

1. Segure os cristais nas mãos e afirme a sua intenção para a grade.
2. Começando pelo lado esquerdo (na posição das dez horas no modelo), posicione um cristal vermelho alaranjado em cada ponta do primeiro triângulo grande, para configurar o projeto em ação.
3. Posicione a pedra angular no centro para representar o projeto.

Segunda semana: Siga para baixo, no sentido anti-horário, até o próximo triângulo, e posicione na sua ponta um cristal branco, para manter a grade fluindo.

Terceira semana: Passe para o próximo triângulo e posicione na sua ponta um cristal prateado ou enfumaçado, para ancorar a energia.

Quarta semana: Posicione cristais de aterramento de alta vibração, nas demais pontas externas, para evocar o auxílio de reinos mais elevados.

GRADES AVANÇADAS

Sexta semana: Passe para a próxima ponta e posicione um cristal de Água no V interno do triângulo, para purificar o projeto.
Sétima semana: Passe para a próxima ponta e posicione um triângulo de Fogo no V interno do triângulo, para manter o impulso.
Oitava semana: Passe para o próximo triângulo e posicione o triângulo de Terra no V interno do triângulo, para aterrar a energia.
Nona semana: Posicione seis pedras de intenção para formar um hexágono interno, em torno da pedra angular. Purifique e volte a dedicar sua pedra angular para ativar completamente a grade, afirmando sua intenção novamente. Isso completa a primeira rodada do traçado da grade. (Ajuste o seu tempo se a fase de implementação chegar antes ou depois do que foi previsto aqui.)

Fase 2: Implementação
1. Quando esta etapa do projeto estiver próxima, limpe toda a grade e use a radiestesia para verificar se algum cristal precisa ser substituído. Se for esse o caso, volte a traçar e dedicar a grade como explicado anteriormente, mantendo a pedra angular no lugar.

Fase 3: Em curso
1. Quando o projeto estiver totalmente manifestado, limpe a grade toda e use a radiestesia para verificar se algum cristal precisa ser substituído. Se for esse o caso, volte a traçar e dedicar a grade de acordo com as instruções acima, mantendo a pedra angular no lugar.
2. Toque a pedra angular e afirme a sua intenção mais uma vez.
3. Mantenha a grade no lugar até que o projeto esteja em andamento ou concluído.
4. Para desmontar a grade, remova as pedras na ordem inversa em que as posicionou, deixando a pedra angular por último. (Não é preciso usar som ou essência de limpeza na desmontagem desta grade, em particular. Você pode deixar a energia fluindo, mesmo depois de tê-la desmontado.)

Cristais sugeridos: Cristais dos elementos (ver abaixo), cristais de aterramento (ver p. 30), cristais portadores de luz (ver p. 30), cristais de energização (ver p. 30), cristais de arcanjos (ver p. 153).

CRISTAIS DOS ELEMENTOS
Terra: Quartzo Enfumaçado, Shungita, Turmalina Negra, Ágata, Jaspe, Pederneira, Ágata Territulla
Ar: Ametista, Moldavita, Tectita, Safira, Calcedônia Azul, Jaspe Paisagem
Fogo: Ágata de Fogo, Obsidiana, Triplita, Cornalina, Citrino, Rubelita, Pedra do Sol
Água: Água-marinha, Calcita, Ágata Rendada Azul, Pedra da Lua, Turmalina Azul

GLOSSÁRIO DE CRISTAIS

TURMALINA NEGRA (TERRA)

A Turmalina Negra normalmente contém ferro, o que faz dela uma pedra extremamente protetora. Devido à sua estrutura interna, a Turmalina acumula a energia negativa dentro dela, em vez de "ricocheteá-la" como as pedras à base de ferro costumam fazer. Use-a numa grade em torno da casa para criar um escudo protetor que bloqueie a negatividade ou energias tóxicas de qualquer tipo.

AMETISTA (AR)

A Ametista abre o Terceiro Olho e desanuvia a visão espiritual. Ao criar um espaço sagrado e seguro para a meditação e a exploração multidimensional, acalma a mente e ajuda na iluminação. Ao afastar entidades, formas-pensamento ou construções mentais indesejadas, a Ametista dissipa ilusões que impedem a visão da realidade. Isso a ajuda na idealização de um novo mundo.

ÁGATA DE FOGO (FOGO)

A Ágata de Fogo é a evolução da consciência. Ela elimina os bloqueios etéricos e energiza a aura. Essa pedra possui uma conexão profunda com a Terra e sua energia é calmante, trazendo conforto e segurança.

ÁGUA-MARINHA (ÁGUA)

A Água-marinha ajuda a liberar construções mentais e seus estados emocionais subjacentes. Ela nos lembra de que o progresso é a lei da vida – a alma deve evoluir no curso estabelecido por ela mesma, antes da encarnação.

GRADES AVANÇADAS

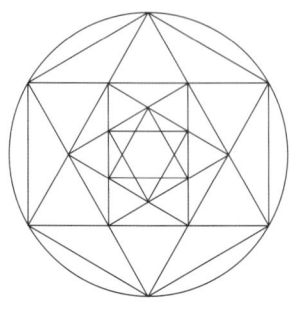

HEXAGRAMA INFINITO

O UNIVERSO EM EXPANSÃO

O hexagrama infinito representa o equilíbrio entre as forças celestiais e terrenas e é um portal para outros mundos. Pode ser expandido ou contraído infinitamente, conforme necessário, e simboliza a harmonia e a expansão supremas contidas nos seus limites exteriores. Uma força poderosa para a transformação e mudança, essa grade poderosa pode equilibrar sua energia e estimular o rejuvenescimento da mente, do corpo e do espírito, se você estiver dentro dela. O processo de montagem da grade é o mesmo, seja ela traçada no corpo ou num espaço físico, mas seus efeitos energéticos se estendem para além de qualquer espaço físico e levam vibrações e frequências de energia a um nível mais elevado. O Hexagrama Infinito pode, portanto, ser usado para acessar (com segurança) as multidimensões da consciência e os Registros Akáshicos.

Forma: As seis pontas do hexagrama interno tornam-se o ponto de partida para cada hexágono e hexagrama que se expande a partir dele, sendo as pontas do hexagrama unidas dentro um hexágono e depois estendidas. Trata-se de uma abertura tripla, pois cada novo hexagrama tem três vezes o tamanho do anterior.

Usos: Use o hexagrama infinito se você quer iniciar uma mudança e transformação, e em seguida reestruturar a energia para acomodar essa mudança. Você pode, por exemplo, traçar o hexagrama infinito se quiser identificar sua verdadeira vocação e encontrar algo ou alguém que o apoie, enquanto volta aos estudos, por exemplo.

Época: Use o hexagrama infinito sempre que quiser propiciar mudanças ordenadas ou restaurar a ordem numa situação caótica. É uma grade excelente para se traçar na lua nova, para colocar as coisas em movimento. Reenergize a grade na lua cheia e no quarto crescente e minguante, ou nos equinócios e solstícios.

Hexagrama infinito

NOTA:
Consulte as pp. 158-159 para uma variação Sri Yantra no hexagrama infinito, que acesse as vidas passadas nos Registros Akáshicos.

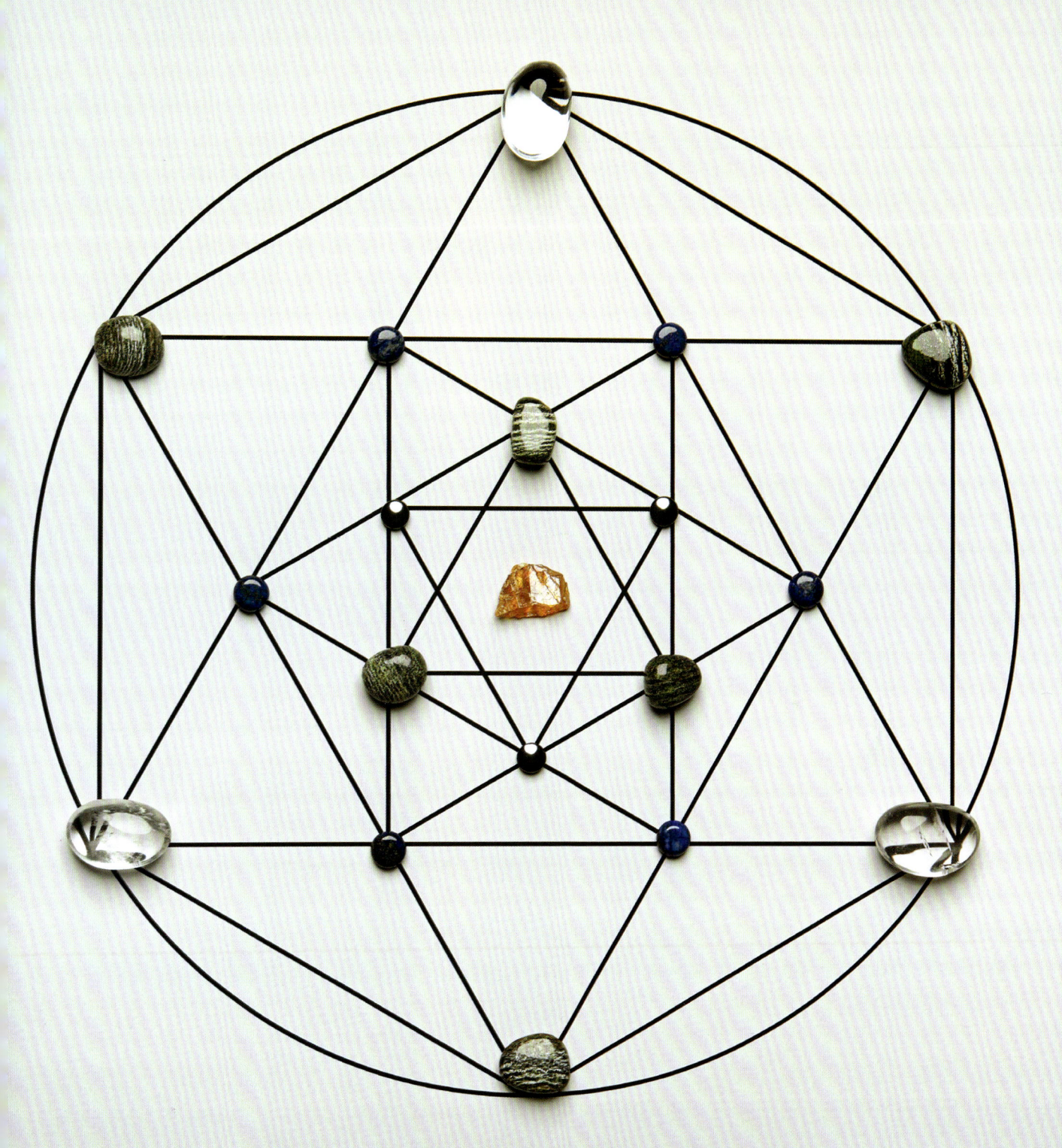

Pedra angular: Uma Esfalerita Laranja para ajudar o corpo físico a assimilar a mudança energética. O hexagrama interno inclui uma Hematita e uma Crisotila para purificar os fatores kármicos. O Lápis-Lazúli no hexagrama seguinte estabiliza as novas energias. O hexagrama externo usa a Crisotila e o Quartzo Transparente para trazer mais clareza e reestruturação.

GRADES AVANÇADAS

VOCÊ PRECISARÁ DE:

- Um modelo apropriado e um fundo colorido – de preferência um fundo com o modelo impresso nele
- Cristais em número suficiente para cada linha de intersecção, se apropriado, ou uma combinação de cristais de vários tipos ou de vários cristais do mesmo tipo
- Uma pedra lapidar para o centro
- Pedras de aterramento para o perímetro, se apropriado (use a radiestesia, explicada na p. 31, ou a intuição para verificar quantos e quais tipos)

PARA MONTAR A GRADE:

1. Segure os cristais nas mãos e afirme a sua intenção para a grade.
2. Posicione os cristais nas três pontas do triângulo interior apontado para baixo, para ancorar a energia.
3. Posicione cristais nas três pontas do triângulo interior apontado para cima, para captar a energia.
4. Com sua varinha de cristal ou o poder da mente, conecte as pontas para traçar um hexágono em torno das bordas exteriores dos dois triângulos.
5. Estenda o hexágono num hexagrama, posicionando mais cristais nas pontas do próximo hexagrama.
6. Repita até chegar ao número apropriado de hexagramas.
7. Posicione a pedra angular no centro e reafirme a sua intenção.
8. Posicione as pedras de aterramento ao redor do perímetro, se apropriado.
9. Para desmontar a grade, remova a pedra angular e, em seguida, os cristais na ordem inversa em que os posicionou. O espaço em que a grade é traçada vai certamente exigir um som ou uma essência de limpeza (ver p. 29) para que a energia se dissipe completamente, visto que a impressão energética é duradoura.

Cristais sugeridos: Anandalita®, Quartzo Trigônico, Semente Lemuriana, Moldavita, Tectita, Pederneira, Tectita da Líbia, Maianita Arco-Íris, Crisotila, Lápis-Lazúli.

GLOSSÁRIO DE CRISTAIS

LÁPIS-LAZÚLI
O Lápis-Lazúli é uma chave para o trabalho espiritual. Ele ajuda no trabalho com os sonhos e ativa as capacidades mediúnicas, facilita as jornadas espirituais e estimula o poder pessoal e espiritual. Transmutando bloqueios mentais e emocionais, o Lápis-Lazúli deixa sua alma livre para se expressar plenamente.

HEMATITA
Útil para a cura de vidas passadas que envolvam guerras, ferimentos e derramamento de sangue, esta pedra poderosa também ajuda a superar vícios causados por anseios emocionais ou frustrações. Segure a Hematita na mão para ancorar a alma no corpo após uma jornada ou trabalho espiritual.

CRISOTILA
A Crisotila liga você ao conhecimento das eras. Essa pedra ajuda a dissipar os detritos do passado para revelar seu Eu mais profundo. Funciona no plano etérico corrigindo desequilíbrios e bloqueios que poderiam se manifestar como doença. Essa pedra é tóxica, por isso use sempre a rolada.

MOLDAVITA
Um meteorito veio do espaço sideral e se fundiu com a terra onde caiu, unindo céu e terra para criar a Moldavita. Este cristal de alta vibração liga o "acima" e o "abaixo", acessando os Registros Akáshicos e Tudo o Que É (fonte de energia).

GRADES AVANÇADAS

ESPIRAL MÚLTIPLA

CONSCIÊNCIA CÓSMICA

A espiral múltipla representa a consciência cósmica e as forças que mantêm o universo girando em torno do núcleo central da criação. Sua grade é traçada da mesma forma que a espiral simples ou Raio Solar, mas ela gera e irradia energia numa área muito mais ampla, criando um vórtice de energia expansiva, mas surpreendentemente estável. Ela também gera e capta energia, quando necessário. É particularmente útil para reavivar uma área energeticamente "morta", como um terreno, uma casa, um cômodo ou até uma escrivaninha, e pode ser traçada em mapas ou ambientes para a cura da terra. Esta é uma grade reflexiva, pois as galáxias espirais são encontradas tanto no espaço sideral quanto nos redemoinhos e turbilhões das menores constelações.

Forma: Espirais curvas se irradiam numa simetria perfeita, unindo-se no centro.

Usos: Trace esta grade sempre que forem necessários uma ativação, uma energização e um rejuvenescimento intensos. Por exemplo, quando você se mudar para uma casa nova, depois do término de um relacionamento, ou quando sentir que não consegue avançar num projeto criativo. Coloque-a sobre um chakra, sobre o Dan-tien ou no ambiente. Você também pode traçar esta grade para que ela seja o foco de uma meditação ou de uma jornada espiritual.

Época: Trace a espiral múltipla a qualquer momento, mas ela é particularmente eficaz quando traçada nos solstícios e equinócios, para manter a energia da terra revitalizada e reabastecida.

VOCÊ PRECISARÁ DE:

- Um lugar apropriado para montar a grade, dependendo do tamanho dela e de onde será traçada (num terreno ou no piso, ou numa superfície natural, que aterra a energia, como a madeira petrificada, a ardósia ou o mármore)
- Cristais em número suficiente para traçar as múltiplas espirais
- Uma pedra angular para o centro e cristais de aterramento

PARA MONTAR A GRADE:

1. Segure os cristais nas mãos e afirme a sua intenção para a grade.
2. Posicione a pedra angular no centro.
3. Se está traçando a grade para irradiar energia, posicione cristais ao longo de cada um dos braços da espiral, começando pelo centro. Se estiver usando a grade para ativar seus chakras ou para irradiar energia para o seu Dan-tien, inverta a direção do fluxo, posicionando os cristais nas extremidades dos braços da espiral primeiro, depois seguindo em direção à pedra angular.
4. Use uma varinha de cristal ou o poder da mente para ativar a grade.
5. Se apropriado, coloque uma pedra de aterramento ao lado da grade.
6. Para desmontar a grade, remova as pedras na ordem inversa em que as posicionou, deixando a pedra angular por último. (Não é preciso usar som ou essência de limpeza na desmontagem desta grade, em particular. Você pode deixar a energia fluindo, mesmo depois de tê-la desmontado.)

Espiral múltipla

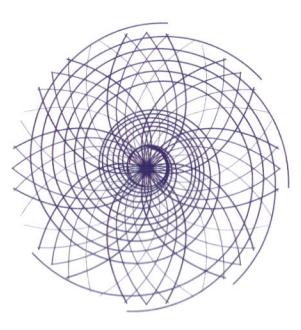

Efeito energético. Uma espiral múltipla cria um vórtice energético que irradia energia para o ambiente, reenergizando-o, ou suga a energia para o seu centro, transmutando-a.

NOTA:
Se você estiver traçando uma grade sobre o corpo ou em volta dele, peça a ajuda de um amigo. Use a radiestesia (ver p. 31) ou a intuição para descobrir onde posicionar a pedra angular e como traçar os braços da espiral sobre o seu corpo para energizar seus corpos sutis, posicionando os cristais sobre e em volta do corpo físico.

> A Pederneira purifica e transmuta energias tóxicas. O Agente de Cura Celta e o Quartzo Chevron Celta irradiam cura e estabilidade para o ambiente.

Cristais Sugeridos: Anandalita®, Moldavita, Selenita, Rodozita, Quartzo Agente de Cura Celta, Quartzo Dourado, Pederneira, Turmalina Negra, Hematita, Quartzo Enfumaçado.

GRADES AVANÇADAS

ESPIRAL TRIPLA (O *TRISKELION*)

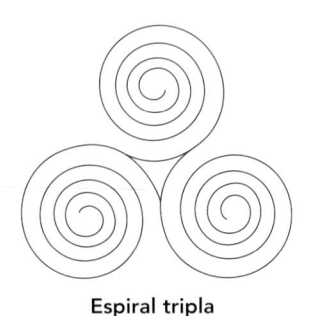

CICLOS VITAIS

A espiral tripla é um símbolo dinâmico de ativação, movimento e expansão, em contraste com tudo que é fixo e sólido. É uma grade cíclica, que simboliza o progresso da vida. Representa as três faces da lua (nova, cheia e negra); as três fases da vida (concepção, nascimento e morte); bem como outras tríades, como a criação, manutenção e destruição da vida. Ela também apresenta as três faces do poder feminino: a donzela, a mãe e a anciã. A espiral tripla contém um conhecimento astronômico extremamente antigo, cujo significado foi há muito tempo perdido. É encontrada em monumentos em todo o mundo celta, mas também pode ser vista em petroglifos no mundo todo.

Forma: Três espirais interligadas e do mesmo tamanho criam a espiral tripla. Ela reúne forças opostas, harmonizando-as e liberando-as através da espiral superior – ou capta energia através da espiral superior para abastecer as duas inferiores.

Usos: Use a espiral tripla se precisar irradiar energia dinâmica numa situação ou infundi-la com luz. É a grade perfeita para ajudá-lo a passar pelas fases de transição da vida, marcando ritos de passagem como a puberdade e a menopausa (que literalmente significa a "lua da pausa"). Esta grade pode também se tornar um caminho de meditação para a consciência expandida. Use cristais pequenos para traçar a espiral tripla sobre os chakras do Terceiro Olho e do Soma, para abrir a visão interior.

A grade da espiral tripla não só evidencia e cura a situação atual, mas também revela suas origens. A espiral inferior direita representa a situação atual. A espiral esquerda significa as causas subjacentes à situação. A espiral superior garante um resultado benéfico à medida que você passa para o próximo ciclo. Pode ser usado em questões familiares, de trabalho ou amizade, ou em benefício do mundo.

Época: Monte esta grade a qualquer momento, mas ela é particularmente eficaz quando traçada em três etapas, na lua negra, nova e cheia, para criar um espaço ritual ou para facilitar a transição.

Um Olho da Tempestade (Jaspe da Judy) em forma de Merkabah é a pedra angular desta grade. A espiral superior é de Turquesas, para facilitar a comunicação. A espiral esquerda é de Quartzos Enfumaçados, para purificar as energias, e a espiral da direita é de Citrinos, para infundir uma energia brilhante na resolução da situação.

GRADES AVANÇADAS

VOCÊ PRECISARÁ DE:

- Um modelo e um fundo apropriados
- Cristais em número suficiente para traçar as espirais
- Pedra angular

PARA MONTAR A GRADE:

1. Segure os cristais nas mãos e afirme a sua intenção para a grade.
2. Comece com a pedra central da espiral superior, depois trace essa espiral.
3. Use o poder da mente ou uma varinha de cristal para ativar a espiral, levando a energia do centro até a borda.
4. Quando for a hora certa (isto é, quando você perceber uma mudança inicial na situação, quando sua intuição disser que é a hora certa ou quando a lua mudar de fase), trace a próxima espiral e ligue as duas.
5. Quando for a hora certa, trace a terceira espiral e ligue-a ao centro.
6. Use uma varinha de cristal ou o poder da mente para ligar as três espirais mais uma vez. (A maneira mais fácil de fazer isso é usar o espaço entre as linhas de cristais, levando a varinha ou pensamento até o centro da configuração.)
7. Coloque a pedra angular no centro da espiral tripla e reafirme a sua intenção.
8. Para desmontar a grade, remova as pedras na ordem inversa em que as posicionou, deixando a pedra angular por último. (Não é preciso usar som ou essência de limpeza na desmontagem desta grade em particular. Você pode deixar a energia fluindo, mesmo depois de tê-la desmontado.)

NOTA:
Consulte a p. 178 para saber como usar a espiral tripla para resolver uma situação.

Cristais sugeridos: Ancestralita, Pedra da Liberdade, Berço da Vida (Espécie Humana), Quartzo Agente de Cura Celta, Menalita, Quartzo, Quartzo Rosa, Citrino, Turquesa, Quartzo Enfumaçado consulte também a p. 178.

GLOSSÁRIO DE CRISTAIS

TURQUESA

A Turquesa permite que você investigue suas vidas passadas para encontrar a fonte primária de uma atitude de martirização ou autossabotagem. Se você é pessimista, ela o ensina a se concentrar em soluções e não em problemas ou no passado. Esta pedra dissipa padrões e crenças negativas e elimina energias tóxicas, lembrando-o que você é um ser espiritual que está passando por uma experiência de aprendizagem humana.

OLHO DA TEMPESTADE (JASPE DA JUDY)

O Olho da Tempestade confere estabilidade para que você enfrente mudanças e desafios com calma. Ela o lembra de que o quadro maior está sempre mudando e oferece uma perspectiva objetiva de como suas ações podem afetar seus resultados. Esta pedra instila uma profunda sensação de autoestima com a qual interagir com o mundo exterior.

MENALITA

A pedra perfeita para acompanhar todas as transições do feminino, a Menalita é excelente para estimular a concepção e ajudar no nascimento em todas as suas formas. Mantém o equilíbrio hormonal e combate o medo da morte.

BERÇO DA VIDA (ESPÉCIE HUMANA)

Pedra da caverna onde os ossos do primeiro ancestral humano foram descobertos, A Berço da Vida leva você de volta para os primeiros princípios e causas-raiz. Ela reconstrói seu senso de eu, introduzindo padrões novos e mais apropriados.

O OLHO DO DRAGÃO (TETRAEDRO)

O OLHO QUE TUDO VÊ

Graças ao poder dos triângulos, o Olho do Dragão é um símbolo poderoso de proteção. Essa grade cria equilíbrio e aterra a energia. Também abre o Terceiro Olho: o "olho da percepção" metafísico, que tudo vê, localizado no centro da testa. Ele integra vibrações interiores e exteriores, superiores e inferiores. O Olho do Dragão o ajuda a ver o tesouro que existe dentro de você. Facilita a eliminação dos medos e bloqueios emocionais enraizados, que devem ser superados para que você reconheça seu verdadeiro eu, e o ajuda a reconhecer a beleza e o mistério existentes ao seu redor. Esta é a grade perfeita para atrair um espírito guardião, especialmente um mentor dragão (ver p. 154).

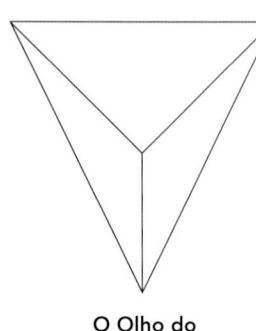

Forma: O Olho do Dragão é um triângulo equilátero (em que todos os ângulos e lados são iguais) apontado para baixo, ou um triângulo isósceles (em que dois ângulos e dois lados são iguais), com um Y no meio ligando as três pontas do triângulo. Na sua forma tridimensional, o Olho do Dragão cria uma pirâmide tetraédrica de três lados com quatro faces triangulares, seis bordas retas e quatro vértices.

Usos: Evoque o Olho do Dragão para ter proteção em sua vida cotidiana, quando tiver que andar por ruas escuras, por exemplo, ou em sua vida espiritual, quando estiver fazendo uma viagem astral, talvez. Ele também pode ajudar a abrir suas capacidades mediúnicas. Use-o para infundir amor e sabedoria a um poder; para facilitar a transição entre as fases donzela, mãe e anciã; ou para unir terra, mar e céu. Qualquer objetivo que exija equilíbrio e unidade entre três pontos responde bem ao Olho de Dragão.

Época: Use sempre que a proteção for necessária. Para abrir o seu olho interior (a intuição), trace esta grade na lua nova.

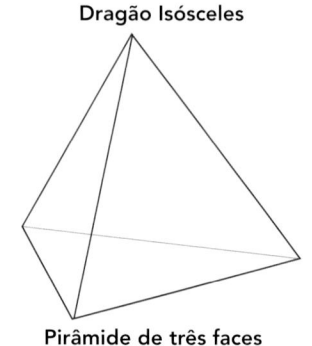

VOCÊ PRECISARÁ DE:

- Cristais em número suficiente para traçar a borda externa, a parte superior em V e a haste do Y
- Uma pedra lapidar de acordo com a intenção da grade

PARA MONTAR A GRADE:

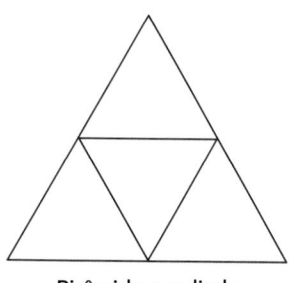

1. Segure os cristais nas mãos e afirme a sua intenção para a grade.
2. Posicione os cristais apropriados em torno do triângulo externo.
3. Posicione os cristais apropriados nos braços do Y para formar a forma de V, deixando um espaço no centro.
4. Posicione os cristais apropriados na haste do Y.
5. Coloque a sua pedra angular no centro do Y.
6. Ligue a grade com uma varinha de cristal ou o poder da mente para ativá-la. Comece com o triângulo externo e depois trace o Y, levando a energia do círculo em direção à pedra angular central para ancorar as energias. (Isso cria uma força vibratória circular em zigue-zague.)

O Olho do Dragão Equilátero

O Olho do Dragão Isósceles

Pirâmide de três faces

Pirâmide ampliada

A Cianita azul e a Hematita abrem e ancoram o Terceiro Olho, que tudo vê.

7. Se a grade estiver na sua testa, feche os olhos e concentre a atenção no ponto entre as sobrancelhas e um pouco acima delas. Peça que seu Terceiro Olho seja aberto. Você pode sentir um formigamento e ver espirais de cor intensa, ou um olho de verdade olhando para você em sua "tela" interior.
8. Se a grade estiver montada na sua frente, olhe para ela com os olhos levemente desfocados, pedindo que sua visão interior seja ativada. (Se você sentir que é apropriado, incline-se sobre a grade e aproxime a sua testa da pedra angular. Respire fundo, imaginando a energia penetrando profundamente em sua testa para abrir o Terceiro Olho.)
9. Para desmontar a grade, remova as pedras na ordem inversa em que os posicionou, deixando a pedra angular por último. (Não é preciso usar som ou essência de limpeza na desmontagem desta grade, em particular. Você pode deixar a energia fluindo, mesmo depois de tê-la desmontado.)

Cristais sugeridos: Cianita, Diamante de Herkimer, Rodozita, Apofilita, Quartzo Enfumaçado e cristais de proteção (p. 30) e para a intuição (p. 30).

NOTA:
Consulte a p. 154 para saber como usar a grade ou para evocar um mentor dragão.

O LABIRINTO

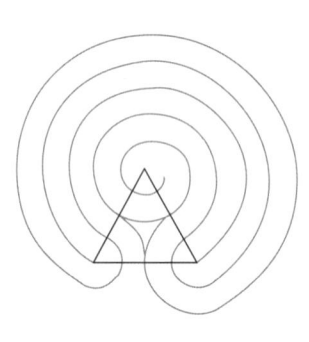

O EU INTERIOR

O Labirinto é uma jornada de descoberta rumo ao seu eu mais profundo, através da passagem do tempo. Ele evoca mudanças, crescimento, progresso e transformação. Quando percorre o Labirinto sagrado, você entra no âmago do seu ser. Essa jornada leva você à totalidade e ajuda a centrá-lo, ancorando-o nesse núcleo. O Labirinto expande continuamente sua visão do que é possível na sua vida e do que a sua alma espera que você faça nesta encarnação. Ele o ajuda a ver e a ouvir com mais clareza. Esse padrão também representa os dois opostos polares do corpo e a circulação das energias vitais ao redor deles: "acima" estão as circunvoluções do cérebro e "abaixo" estão as dos intestinos. (Isso significa que o Labirinto também pode ser útil para a cura do sistema digestivo.) É particularmente apropriado para ser traçado ao ar livre, onde pode ser deixado sem supervisão, para que faça seu trabalho, ou pode ser atravessado como prática de meditação.

Forma: O Labirinto é uma das grades mais antigas que existe. Ele assume muitas formas, mas todas têm o mesmo padrão: um caminho sinuoso que leva da borda externa até o centro. Ele não tem becos sem saída nem pontos cegos. Embora tenha muitas circunvoluções, elas sempre levam ao ponto central, e depois para fora novamente. Como o Labirinto é construído sobre um triângulo equilátero, ele tem a geometria sagrada dentro dele.

Usos: O Labirinto harmoniza os dois lados do cérebro, unindo intuição e lógica. Percorra-o para obter a resposta a uma pergunta ou para conseguir informações. Basta se concentrar na pergunta quando começar a posicionar os cristais. Além disso, andar por um labirinto com a mente tranquila leva você a um estado meditativo, no qual pode se concentrar num dos seus significados simbólicos como um pensamento seminal a partir do qual pode surgir uma percepção mais profunda. Esses significados simbólicos incluem o caminho espiritual, a totalidade, a passagem do tempo, a conexão com a fonte, a Iluminação e a evolução, o renascimento e a ressurreição, o surgimento do novo a partir do velho, e o crescimento espiritual.

Época: Trace o Labirinto na lua nova, se você estiver empreendendo uma jornada rumo a si mesmo. Trace-o na lua cheia para harmonizar os lados intuitivo e racional do cérebro, para obter uma visão ou a resposta para uma pergunta.

Quartzo Enfumaçado e Turquesa levam a alma até o centro o Labirinto para encontrar a energia vibrante do espírito

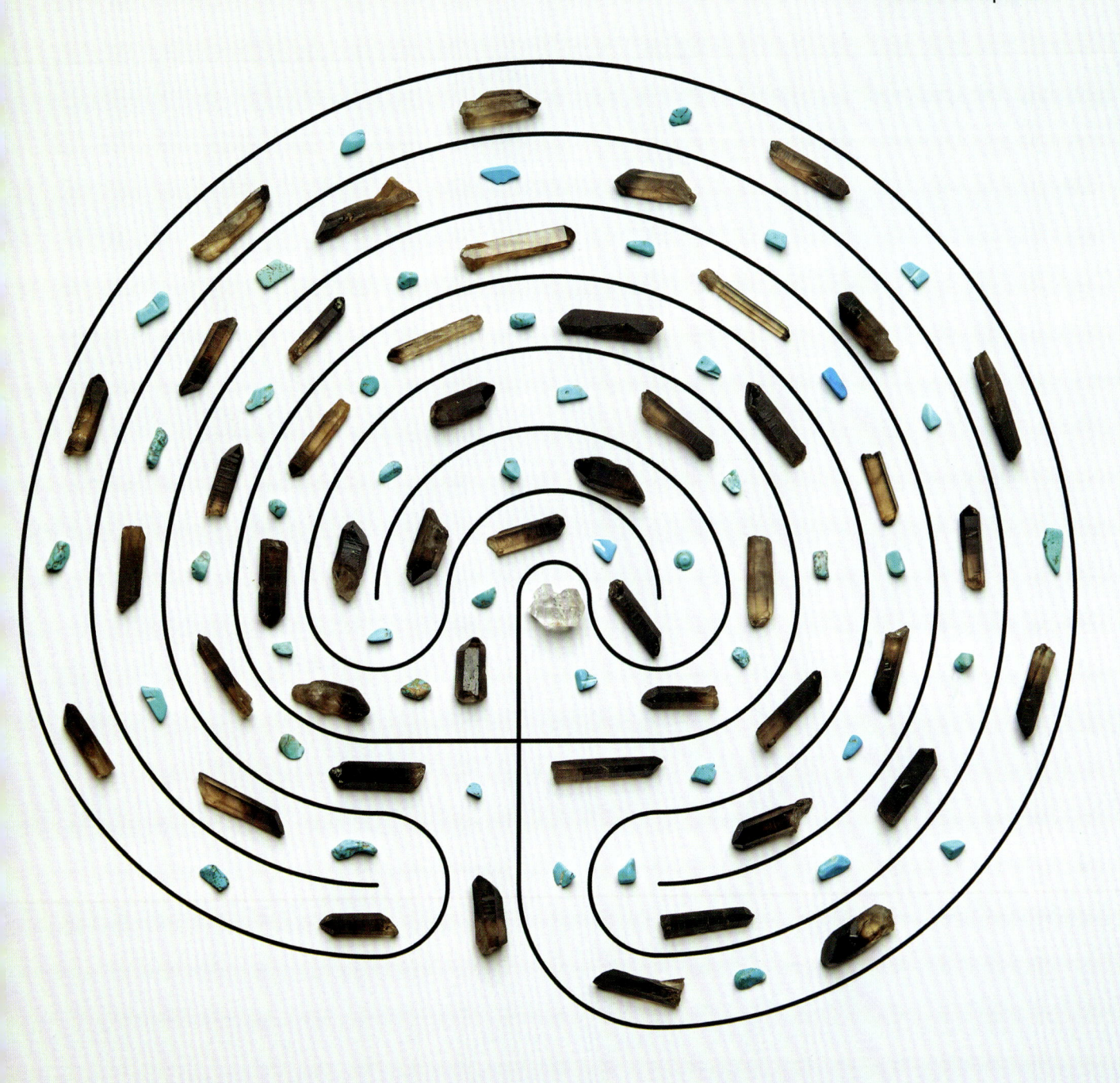

GRADES AVANÇADAS | 107

VOCÊ PRECISARÁ DE:

- Giz ou tinta spray para traçar o Labirinto ao ar livre ou um modelo, se a grade não for ao ar livre
- Cristais em número suficiente para traçar todo o Labirinto
- Uma pedra angular para o centro

Nota: Se você pretende deixar o Labirinto montado ao ar livre, escolha cristais resistentes, que não se dissolvam sob as intempéries.

PARA MONTAR A GRADE:

1. Se você está montando a grade do Labirinto ao ar livre, trace-a com giz ou tinta spray primeiro. Caso contrário, coloque o modelo num local onde ele não será tocado.
2. Segure os cristais nas mãos e afirme sua intenção para a grade.
3. Comece no ponto de entrada do Labirinto. Se estiver ao ar livre, posicione as pedras nas circunvoluções do Labirinto, enquanto anda por elas. Se estiver criando uma grade menor e "caminhando" com o dedo, coloque cristais de um tamanho que permita sua passagem até o centro do Labirinto.
4. Posicione a pedra angular no centro da grade e afirme sua intenção mais uma vez.
5. Ande com atenção para não tirar as pedras do lugar.
6. Para desmontar a grade, remova as pedras na ordem inversa em que as posicionou, deixando a pedra angular por último. (Não é preciso usar som ou essência de limpeza na desmontagem desta grade, em particular. Você pode deixar a energia fluindo, mesmo depois de tê-la desmontado.)

Cristais sugeridos:
Grades ao ar livre: Quartzo Transparente, Leite, Enfumaçado, Celta ou Rosa; Granito; Basalto; Hematita.
Grades em ambientes fechados: Amonita, Ammolita, Petalita, Obsidiana, Malaquita, Selenita, Cianita, Quartzo, Bytownita, Labradorita, Azurita, Quartzo Trigônico.

Como Construir um Labirinto Simples ao Ar Livre

GRADES AVANÇADAS

CAPÍTULO SEIS

GRADES ESPECÍFICAS

AS GRADES ESPECÍFICAS incluídas nesta seção, como exemplos, foram utilizadas com sucesso em questões pessoais, ambientais ou relacionadas à cura. Elas foram projetadas para inspirá-lo a começar a criar as suas próprias grades. Você pode adaptar os cristais das grades para atender às suas próprias necessidades individuais ou adaptar os modelos de grade de acordo com as suas intenções. Como você verá, várias grades desta seção foram adaptadas a partir dos modelos básicos. Use a radiestesia (ver p. 31) ou a intuição para descobrir quais cristais são apropriados, especialmente se estiver criando grades para alterar o humor. Você encontrará sugestões para isso na seção de cristais sugeridos, mas não se limite a elas. Seja criativo e solte a imaginação!

GRADES ESPECÍFICAS

PESSOAIS
- 112 Aterramento
- 113 Extensão da Grade: Para Relaxar o Músculo Psoas
- 114 Proteção Instantânea
- 116 Bem-Estar em Geral
- 118 Reenergização do Corpo
- 122 Purificação Eletromagnética
- 125 Coração e Sistema Imunológico
- 126 Equilíbrio dos Chakras
- 128 Supercristais Raio Solar: O Antídoto para a Depressão
- 131 Apoio Durante Doenças Graves
- 132 Cura para Dor de Cabeça
- 134 Clareza Mental
- 136 Criatividade e Fertilidade
- 138 Para Atrair o Amor
- 140 Abundância
- 142 Carreira e Caminho de Vida
- 146 Meditação do Eu Interior
- 150 Comunicação com os Anjos
- 154 Expansão Espiritual: Como Encontrar um Mentor Dragão
- 158 Vidas Passadas

CASA E AMBIENTE
- 162 Tranquilidade
- 164 Alegria e Rejuvenescimento
- 168 Crianças
- 170 Relacionamentos Harmoniosos
- 172 Purificação de Campos Eletromagnéticos e Estresse Geopático

CURA À DISTÂNCIA
- 174 De Pessoa para Pessoa
- 176 Cura Ancestral
- 178 Situacional

CURA DA TERRA
- 180 Grade sobre um Mapa

● PESSOAL

ATERRAMENTO

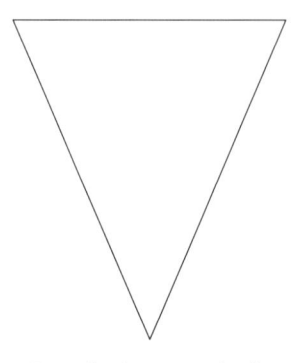

Muitas pessoas têm dificuldade para ancorar sua energia no plano terreno. São pouco práticas e desconectadas, "vivem com a cabeça na lua", por assim dizer, ou são muito mentais, passando a maior parte do tempo no passado ou no futuro, em vez de no aqui e agora. Mas em tudo isso esta grade pode ajudar. A grade do Aterramento o leva a se fixar no momento presente e a concretizar as suas intenções.

Como usar a grade: Esta grade é mais eficaz se traçada diretamente sobre o seu corpo ou em torno dele, enquanto você está deitado no chão ou ao ar livre. Mas você também pode traçá-la embaixo da sua cama, para ancorar sua energia enquanto você dorme.

Época: Esta grade pode ser traçada a qualquer momento. É particularmente importante antes e depois de rituais, para evocar os anjos e seres superiores (consulte a grade para se comunicar com os anjos, na p. 151). Também é útil antes de qualquer tipo de abertura espiritual, meditação, visualização ou mesmo de um ritual que não envolva grades de cristais, pois mantém sua energia aterrada.

Cor e fundo: Cores terrosas, como marrom, ocre ou verde, ou materiais naturais.

VOCÊ PRECISARÁ DE:

- 3 cristais de aterramento
- 2 Magnesitas
- 2 Caroítas ou Pederneiras

PARA MONTAR A GRADE:

1. Segure os cristais limpos nas mãos e afirme a sua intenção.
2. Deite-se confortavelmente para ter uma ideia do espaço necessário.
3. Sente-se novamente e coloque um Quartzo Enfumaçado ou outro cristal de aterramento abaixo dos pés.
4. Coloque uma Caroíta ou Pederneira em cada joelho.
5. Deite-se e coloque uma Magnesita em cada lateral do corpo, sobre as virilhas.
6. Coloque uma Pederneira, Quartzo Enfumaçado ou outro cristal de aterramento de cada lado do seu corpo, na altura do umbigo.
7. Coloque as mãos sobre a Magnesita.
8. Use o poder da mente para conectar o triângulo.
9. Com a mente, sinta a grade conectando-se ao chakra da Estrela da Terra sob os seus pés e depois ao chakra do Portal de Gaia e ao planeta abaixo.
10. Fique deitado por quinze minutos, sentindo essa conexão com a Mãe Terra.
11. Remova os cristais na ordem inversa em que os posicionou, deixando pelo menos um no seu bolso para se lembrar da sua experiência. Escolha o cristal que ressoa mais com você e carregue-o no bolso enquanto se sentir conectado a ele. Quando sentir que o cristal parece desenergizado, você pode voltar a montar a grade.

Traçado do Triângulo de Ouro Invertido

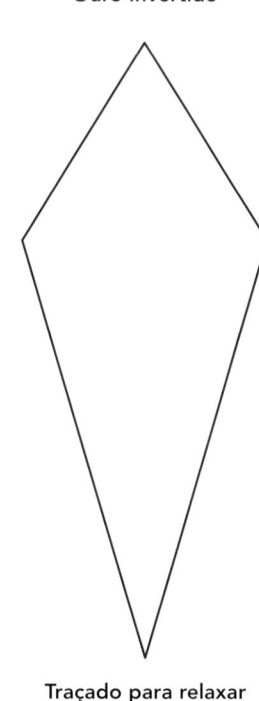

Traçado para relaxar o músculo psoas

Cristais sugeridos: Cornalina Marrom, Caroíta, Pederneira, Hematita, Magnesita, Quartzo Enfumaçado, Jaspe Mocaita, Jaspe Policromático.

EXTENSÃO DA GRADE: PARA RELAXAR O MÚSCULO PSOAS

Grande parte do desconforto físico que sentimos é causada pela tensão no músculo psoas, que conecta o tronco com as pernas e a parte inferior do corpo. Estendendo a grade de aterramento, adicionando mais um cristal para criar um triângulo equilátero acima do outro, conseguimos rapidamente relaxar esse músculo.

PARA MONTAR A GRADE:

1. Depois de posicionar os cristais de aterramento nos quadris (veja o passo 6 na página anterior e a fotografia à direita), adicione outro Quartzo Enfumaçado ou Pederneira na base do esterno.
2. Ligue os cristais da grade com o poder da mente.
3. Respire suavemente levando o ar à base do abdômen, de modo que a expiração seja mais longa do que a inspiração.
4. Continue montando a grade de acordo com as instruções da grade de aterramento à esquerda.

A grade para relaxar e aterrar o músculo psoas aumentou a flexibilidade e resistência deste jovem bailarino. Pederneira, Magnesita e Quartzo Enfumaçado, com Caroíta nos joelhos.

PESSOAL

PROTEÇÃO INSTANTÂNEA

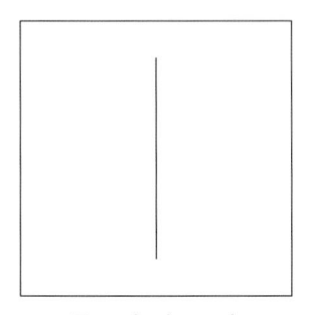

Esta grade conecta seu chakra da Coroa, seu chakra do Coração Superior (timo) e seu chakra da Terra com o solo abaixo de você, transmutando energias nocivas para protegê-lo de danos. Traçada dentro de um quadrado, seu perímetro impede que pensamentos e energias negativas o atinjam. Um cristal adicional, usado sobre o chakra do Coração Superior, liga você à grade ao longo do dia.

Como usar a grade: Coloque a grade debaixo da cama para protegê-lo durante a noite e para transmutar quaisquer energias nocivas que você tenha absorvido durante o dia. Esta grade também pode ser montada no seu espaço de trabalho pessoal, para mantê-lo cheio de criatividade, produtividade e energia positiva. Para isso, posicione uma Cornalina, um Jaspe Vermelho e uma Cianita Laranja no quadrado, além dos cristais básicos.

Época: Use sempre que necessário. Deixe no lugar por longos períodos de tempo (até mesmo por vários anos), desde que a grade passe por uma limpeza regularmente.

Cor e fundo: As pedras pretas e marrons são as mais eficazes para proteção. A grade não precisa ser posta sobre um fundo; ela pode ser traçada diretamente no chão.

Traçado da grade: uma linha reta dentro de um quadrado

VOCÊ PRECISARÁ DE:

- 3 pedras de proteção (ver p. 30)
- 4 pedras de aterramento
- Pedra adicional para ser usada como pingente

PARA MONTAR A GRADE:

1. Segure os cristais nas mãos e afirme a sua intenção para a grade.
2. Posicione um cristal mais abaixo, onde seus pés estarão quando você se deitar.
3. Posicione um cristal onde vai ficar o topo da sua cabeça.
4. Posicione um cristal mais abaixo, onde seu chakra do Coração Superior estará (você se deitará com o peito na altura desse cristal se a grade estiver sob a cama ou se estiver deitado na grade).
5. Posicione quatro cristais de aterramento na forma de um quadrado, ao redor da cama (ou do seu espaço de trabalho).
6. Deite-se e respire fundo dentro da grade. Sinta a energia fortalecendo seus limites.
7. Usando o poder da mente, conecte os cristais que estão numa linha reta e, depois, traga a conexão cristalina para o pingente em sua mão.
8. Conecte o quadrado, usando o poder de sua mente.
9. Coloque o pingente ao redor do pescoço. Use-o constantemente, enquanto você se sentir conectado a ele.
10. Lembre-se de limpar a grade regularmente e usar o pingente todos os dias.

Cristais sugeridos: Lágrima de Apache, Turmalina Negra, Shungita, Quartzo Enfumaçado, Labradorita, Mohawkita, Tantalita, Jaspe Policromático, Jaspe Porcelana, Âmbar, Pederneira.

A Shungita e a Turmalina Negra são protetores poderosos contra poluição eletromagnética

PESSOAL

BEM-ESTAR EM GERAL

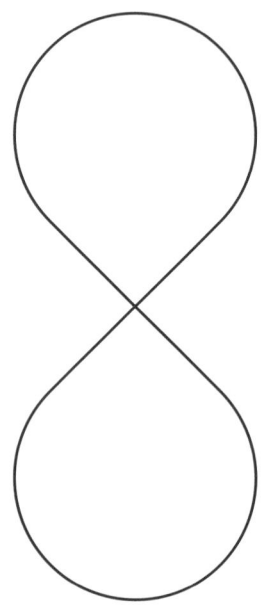

Os laços superiores e inferiores da lemniscata não precisam ser do mesmo tamanho e podem ser ajustados para se adequar ao tamanho do seu corpo. Esta grade de bem-estar conecta seu timo (chakra do Coração Superior), que controla o sistema imunológico, ao seu corpo de energia mais amplo, tonificando seu sistema global de energia sutil integrada (isto é, seu eu físico, emocional, mental e espiritual) e garantindo seu bem-estar.

Usando a grade: Esta grade é particularmente útil se você estiver resfriado ou gripado, mas use-a a qualquer momento para aumentar seu bem-estar.

Época: Use sempre que sentir necessidade de uma dose extra de energia física ou sutil.

Cor e fundo: O azul é uma cor de cura tradicional.

Traçado: Lemniscata

VOCÊ PRECISARÁ DE:

- 1 cristal de limpeza
- 1 cristal portador de luz
- 1 cristal para o equilíbrio imunológico

PARA MONTAR A GRADE:

1. Segure os cristais nas mãos e afirme a sua intenção para a grade.
2. Deite-se.
3. Posicione um cristal de limpeza abaixo dos pés (sente-se para fazer isso).
4. Posicione um cristal portador de luz acima da cabeça.
5. Posicione um cristal para o equilíbrio imunológico no centro do peito, sobre o chakra do Coração Superior.
6. Use o poder da mente para conectar a lemniscata sobre você e à sua volta.
7. Permaneça na grade por cinco a quinze minutos, concentrando-se na respiração e, ao expirar, levando o ar ao cristal do equilíbrio imunológico. Se você perceber que alguma energia precisa sair do seu corpo, envie-a ao cristal aos seus pés, para transmutação.
8. Remova os cristais na ordem inversa em que os posicionou, depois limpe-os de acordo com as instruções da p. 39.

Nota: A grade também pode ser montada embaixo da sua cama.

Cristais sugeridos: *Cristais de equilíbrio imunológico:* Heliotrópio; Aventurina Verde; Que Será (Llanoíta); Quantum Quattro; Quartzos Cereja, Rosa, Enfumaçado ou Esmeralda. Veja também cristais de limpeza (p. 30) e cristais portadores de luz (p. 30).

Selenita acima da cabeça, Heliotrópio sobre o timo e uma pedra de aterramento aos pés, para completar a grade simples da lemniscata.

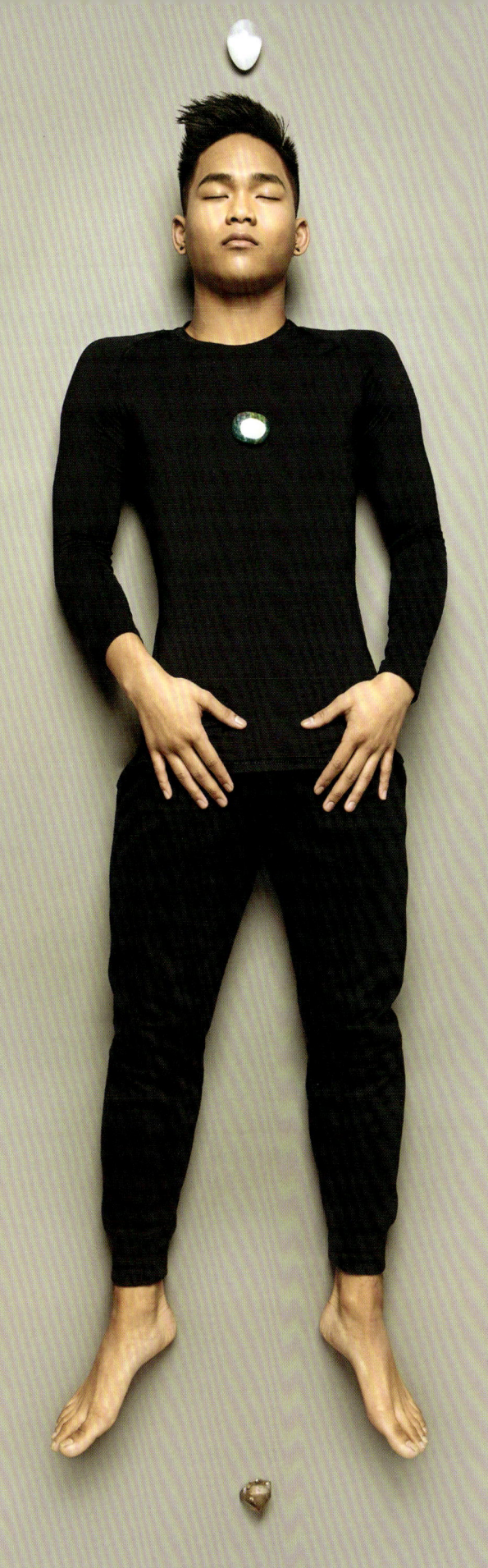

GRADES ESPECÍFICAS | 117

PESSOAL

REENERGIZAÇÃO DO CORPO

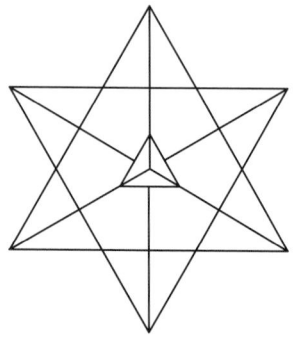

No mundo tumultuado e estressante de hoje em dia, é fácil ficar sem energia e sofrer um esgotamento. Mas uma grade simples pode recarregar suas energias rapidamente. Essa grade de revitalização funciona bem quando você quer se reabastecer, para depois usar essa energia ao longo do dia. Ela também lhe dará mais firmeza para defender suas convicções e tenacidade para enfrentar os desafios. O Merkabah com base na cor vermelha é útil quando você precisa recarregar suas energias depois de um dia muito agitado, mas ainda assim quer ir a uma festa à noite (a Calcita Vermelha é excelente para isso). Sempre que você se sentir apático e distraído, esta é a grade para você. O Merkabah sempre foi considerado um traçado que promove o fluxo de *Qi* (força vital) ao redor do corpo. Esta grade também é útil para estimular a libido e trazer a paixão de volta à sua vida. Ela usa o poder do vermelho, uma cor intensa que ressoa com o chakra da Base e simboliza paixão, vigor e alegria de viver.

Forma: Esta grade revigorante pode ser traçada sobre o corpo, ao redor do umbigo ou sobre uma mesa à sua frente. A grade Merkabah é formada por seis cristais posicionados num hexagrama, em torno de uma pedra angular central. Se a pedra angular for uma pedra combinada, que também aterre energia, o efeito será ainda mais forte, mas a grade toda pode ser ancorada com pedras de aterramento.

Como usar a grade: Esta grade é para você usar por um curto período de tempo, sempre que se sentir sem energia ou precisar turbinar sua vida sexual. Você também pode traçá-la antecipadamente, para recarregar suas energias e usá-las quando necessário. Ela é especialmente útil quando você sabe que terá um dia cheio e quer carregar suas baterias para dar conta de todos os compromissos. Sempre que se sentir esgotado, reserve cinco minutos para montar a grade e reabastecer seu Dan-tien. Depois deixe a energia percorrer sua coluna vertebral. Ou simplesmente fixe a pedra angular no seu umbigo com esparadrapo para manter a liberação de energia da pedra. Ancore a grade com pedras de aterramento, se necessário.

Época: Esta grade energizante é o começo perfeito para o seu dia, pois ela estimula o fluxo de *Qi* e garante que você sempre tenha energia, não importa as surpresas que a vida lhe faça. Ela também pode reabastecer suas energias sempre que for preciso. Porém, não use a grade perto da hora de dormir ou quando estiver com raiva ou frustrado, pois ela pode causar insônia ou inflamar suas emoções. A menos, é claro, que você esteja ansioso por uma noite de paixão. Neste caso, monte a grade antes de se deitar.

Traçado: Merkabah (ver p. 86)

Grade de Merkabah para reenergizar o corpo com cristais de Coral em torno de uma pedra angular de Jaspe Amarelo, ancorada com corações de Amazonita.

GRADES ESPECÍFICAS

VOCÊ NECESSITARÁ DE:

- 6 cristais de energização (veja as sugestões abaixo)
- Uma pedra angular
- Pedras de aterramento, se apropriado

PARA MONTAR A GRADE:

1. Segure os cristais nas mãos e afirme sua intenção para a grade.
2. Trace o primeiro triângulo, posicionando um cristal em cada ponta. (Se você estiver montando a grade sobre o seu corpo, trace o triângulo em volta do umbigo.) Ligue o triângulo com uma varinha ou o poder da mente.
3. Trace o outro triângulo sobre o primeiro, apontado para a direção oposta. Ligue as pontas.
4. Posicione a pedra angular no centro para criar o Merkabah, afirmando sua intenção mais uma vez. (Se você estiver traçando a grade em seu corpo, posicione a pedra angular sobre o umbigo.)
5. Se a grade estiver na sua frente, coloque as mãos sobre ela. Ao inspirar, absorva o poder dos cristais através das mãos, levando-o a percorrer seus braços e seu corpo até o abdômen. Quando expirar, segure o poder cristalino no seu abdômen, fazendo-o circular até o seu Dan-tien. Se a grade estiver sobre o seu corpo, respire fundo, levando o ar até a pedra angular e leve o poder da grade para o seu Dan-tien, logo abaixo do umbigo. Ao expirar, segure o poder cristalino no seu abdômen, fazendo-o circular até o seu Dan-tien.
6. Quando estiver pronto para desmontar a grade, retire as pedras exteriores. Não limpe o espaço. Deixe a pedra angular no bolso da calça. Segure-a na mão sempre que quiser reabastecer seu Dan-tien. Sinta a energia subindo e banhando todo o seu corpo, preenchendo o espaço entre as células, como uma carga elétrica efervescente. Ou fixe a pedra angular com esparadrapo para que a energia seja liberada devagar. Se quiser usar a grade para estimular a libido, mantenha a pedra perto de você até a hora de se deitar e depois coloque-a do lado de fora do cômodo.

Cristais sugeridos:
Estimulação: Granada Vermelha, Jaspe Mocaita Vermelho, Coral Vermelho*, Rubi, Jaspe Papoula, Jaspe Vermelho, Ágata de Fogo, Quartzo Hematoide do Rio Orange, Bixbita, Cornalina Vermelha, Calcita Vermelha, Quartzo Arlequim, Quartzo Aura Rubi, Ametista Vermelha, Calcita Cobalto, Calcita Laranja, Pedra do Sol.
Aterramento: Granada em matriz de Granito ou Pedra Calcária, Rubi em Cianita ou Zoisita, Jaspe Papoula, Amazonita, Aventurina Verde, Pederneira, Jaspe Mocaita Amarelo.

* *Nota:* Como o Coral é uma espécie ameaçada, assegure-se de que a peça que você vai adquirir não proceda de um recife vivo.

GLOSSÁRIO DE CRISTAIS

AMAZONITA
A Amazonita protege o corpo dos efeitos da radiação e das frequências eletromagnéticas, incluindo o Wi-Fi, que enfraquece o sistema imunológico. Esta pedra também alinha o sistema nervoso sutil com o sistema nervoso físico e alivia espasmos musculares.

CORAL
O coral não é um cristal, mas é altamente carregado com um *Qi* apaixonado, especialmente na sua forma vermelha. Por ter sido um organismo vivo, deve ser usado com ponderação. Por tradição, ajuda em doenças ligadas ao sangue e ao sistema circulatório, e melhora a vitalidade. *Nota:* Como o Coral é uma espécie ameaçada, assegure-se de comprar o Coral que não proceda de um recife vivo.

JASPE MOCAITA
O Jaspe Mocaita é um excelente substituto para o Coral. Este cristal altamente potente infunde vitalidade ao corpo e deprime (amarelo) ou estimula (vermelho) o sistema imunológico, conforme necessário.

PEDRA DO SOL
A Pedra do Sol estimula a vitalidade e traz a luz do sol para o corpo e a aura. É particularmente eficaz para transtorno afetivo sazonal e dispersa o estresse e a tensão. Use-o para atrair abundância.

PESSOAL

PURIFICAÇÃO ELETROMAGNÉTICA

Traçado: Hexagrama Unicursal

Se você é sensível a campos eletromagnéticos (EMFs, na sigla em inglês), saiba que eles podem ter um efeito nocivo sobre a sua saúde. Por isso a limpeza regular do seu corpo energético é importante, embora seja algo bem simples. Esses campos são gerados por computadores, Wi-Fi, telefones celulares, linhas de transmissão, estações geradoras de eletricidade, "medidores inteligentes" e equipamentos elétricos em geral. Os aviões são uma zona de intensa atividade EMF, pois não há lugar para os campos serem descarregados, e trens e carros também contêm campos concentrados. Os EMFs contribuem significativamente para a síndrome do edifício doente (ver Glossário, p. 182).

Como usar a grade: Se você sofre de mal-estar geral e cansaço contínuo, se costuma se sentir mal num ambiente em particular e muito melhor longe dele, ou se usa o celular ou computador regularmente, fique cinco minutos na grade todas as noites para limpar seu campo de energia.

Época: Diariamente ou quando for necessário.

Cor e fundo: Materiais naturais, como madeira ou ardósia, funcionam bem nesta grade.

VOCÊ PRECISARÁ DE:

- 1 cristal portador de luz: Selenita, Ametista, Diamante de Herkimer ou Quartzo Rosa
- 5 cristais de neutralização de EMFs (veja cristais sugeridos, na página seguinte)
- 1 Diamante de Herkimer ou outra pedra angular

PARA MONTAR A GRADE:

1. Segure os cristais nas mãos e afirme a sua intenção para a grade.
2. Deite-se confortavelmente numa cama ou no chão.
3. Posicione um cristal portador de luz acima da cabeça.
4. Posicione um cristal de neutralização de EMFs ao lado da mão direita, na altura da virilha.
5. Posicione um cristal de neutralização de EMFs na altura da orelha esquerda.
6. Posicione um cristal de neutralização de EMFs abaixo dos pés.
7. Posicione um cristal de neutralização de EMFs na altura da orelha direita.
8. Posicione um cristal de neutralização de EMFs ao lado da mão esquerda, na altura da virilha.
9. Coloque um Diamante de Herkimer ou outra pedra angular sobre o chakra do Coração Superior (timo).

10. Use o poder da mente para ativar a grade.
11. Respire, permitindo conscientemente que a energia dos EMFs flua na direção do cristal aos seus pés.
12. Inspire, levando o ar para o abdômen, extraindo energia do cristal portador de luz através da grade e na direção do seu corpo de energia.
13. Repita esse procedimento dez vezes e fique dentro da grade enquanto sentir que é necessário. Confie em sua intuição para lhe dizer quando se levantar.
14. Remova os cristais na ordem inversa em que os posicionou e depois limpe-os de acordo com as instruções da página 39. A menos que você more perto de uma fonte de EMFs, coloque os cristais no sol e ao ar livre para recarregar.

Cristais sugeridos: *Cristais de neutralização de EMFs*: Âmbar, Shungita, Turmalina Negra, Diamante de Herkimer, Quartzo Enfumaçado, Lepidolita, Aventurina Verde, Ametista, Âmbar, Quartzo Cereja e Esmeralda, Quartzo Rosa, Quartzo Celta, Ajoíta em Shattukita, Amazonita, Lepidolita. (Veja *Crystal Prescriptions – Volume 3*, em Recursos, na p. 184, para uma lista detalhada de sintomas de EMFs e neutralizadores.)

Turmalinas pretas marcam as pontas externas de um hexagrama unicursal ao redor do corpo, com um Diamante de Herkimer portador de luz acima da cabeça e sobre o peito.

Cristais para estimular o sistema imunológico posicionados.

CORAÇÃO E SISTEMA IMUNOLÓGICO

Como os cristais harmonizam o sistema elétrico do coração com o sistema imunológico, a grade da Lemniscata traçada sobre o chakra da Semente do Coração, do Coração e do Coração Superior estimula ou acalma o sistema imunológico e garante o bem-estar do coração. Ela também equilibra e alinha o chakra do Coração de três câmaras, conectando você ao amor incondicional e universal.

Como usar a grade: Esta grade pode ser usada num nível físico ou sutil de bem-estar. É melhor traçá-la diretamente sobre o corpo. Posicione os cristais e depois monitore seus batimentos cardíacos para determinar se é necessário posicionar, sobre o chakra do Coração Superior (timo) ou da Semente do Coração, um cristal diferente para estimular ou acalmar o sistema imunológico. Se o seu coração acelerar significativamente, posicione um cristal calmante sobre o chakra do Coração Superior. Se ele ficar muito mais lento, posicione um cristal estimulador do sistema imunológico sobre o Coração Superior. Posicione o cristal com o efeito oposto sobre o chakra da Semente do Coração.

Época: Não é preciso aguardar uma época especial. Use a grade quando for necessário.

Cor e fundo: Um fundo neutro funciona melhor, porque não vai irradiar vibrações que possam interferir no efeito da grade.

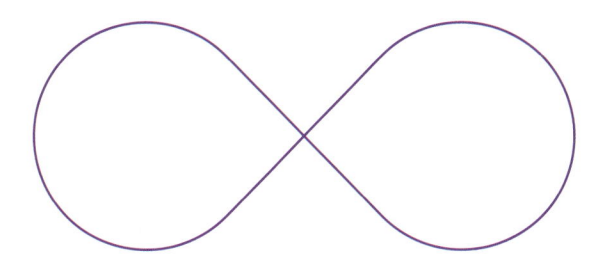

Traçado: Lemniscata (ver p. 54)

VOCÊ PRECISARÁ DE:

- 1 cristal de aterramento para os pés
- 1 cristal rosa-avermelhado ou estimulador do sistema imunológico
- 1 cristal verde-esmeralda ou depressor do sistema imunológico

PARA MONTAR A GRADE:

1. Segure os cristais nas mãos e afirme a sua intenção para a grade.
2. Sente-se no chão.
3. Posicione um cristal de aterramento aos seus pés.
4. Deite-se.
5. Coloque um cristal sobre o chakra do Coração ou sobre o chakra do Coração Superior (timo).
6. Posicione um cristal sobre o chakra da Semente do Coração, na base do esterno.
7. Verifique seus batimentos cardíacos, pois eles indicam quais cristais devem ser posicionados acima e abaixo. Se seu batimento cardíaco estiver muito rápido, muito intenso ou muito lento, troque os cristais ao redor.
8. Use o poder da mente ou uma varinha de cristal para desenhar a lemniscata, traçando os círculos sobre o coração.
9. Se sentir vertigem, respire fundo e envie a energia na direção do cristal aos seus pés, para transmutação.
10. Quando a grade estiver completa, remova os cristais na ordem inversa em que os posicionou. Levante-se devagar e ancore os pés, batendo-os com força no chão.
11. Limpe os cristais de acordo com as instruções da p. 39.

Cristais sugeridos: Esmeralda, Quartzo Esmeralda, Fuchsita, Quartzo Cereja, Quartzo Rosa, Rubi, Granada, Aventurina Verde, Lepidolita, Heliotrópio, Que Será, Quantum Quattro, Quartzo Hematita e cristais de aterramento (ver p. 30).

PESSOAL

EQUILÍBRIO DOS CHAKRAS

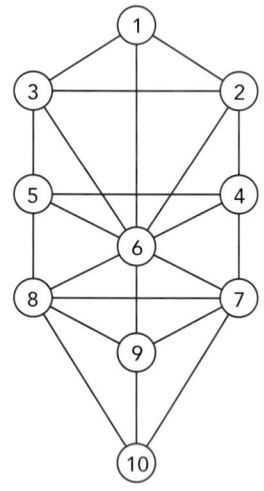

Muitos traçados da Árvore da Vida terminam no chakra da Base, mas esse traçado "estendido" ancora com eficácia a energia e centra todo o corpo, tornando-o muito mais estável. Para extravasar emoções, você também pode traçá-la de modo que o cristal 6 fique sobre o plexo solar, não sobre o coração. Se estiver montando a grade sobre si mesmo, deite-se para verificar se tem espaço suficiente, depois sente-se e comece pelos pés. (Vai ser muito mais fácil se pedir ajuda a um amigo.)

Como usar a grade: O traçado Árvore da Vida purifica, equilibra e reenergiza rapidamente todos os chakras. É mais eficaz para equilibrar os chakras quando posicionado sobre o corpo físico e ao redor dele.

Época: Use esse traçado sempre que se sentir em desequilíbrio. Por exemplo, se sofrer de uma doença crônica ou fadiga extrema; se sentir tonturas e estiver meio aéreo; se notar que está constantemente sofrendo pequenos acidentes porque é desastrado; ou se simplesmente estiver mau humorado.

Cor e fundo: Consulte a p. 44 para conhecer as cores tradicionais associadas a cada chakra. No entanto, um fundo neutro ou com graduação de cores funciona melhor para esta grade.

VOCÊ PRECISARÁ DE:

- 1 cristal de aterramento
- 1 cristal de energização
- 2 cristais estabilizadores
- 1 cristal de coração ou de limpeza, como o Quartzo Clorita
- 2 Ágatas Rendadas Azuis
- 2 Ametistas
- 1 Quartzo Transparente ou Selenita

PARA MONTAR A GRADE:

1. Segure os cristais nas mãos e afirme a sua intenção para a grade.
2. Deite-se para saber se tem espaço suficiente.
3. Sente-se e posicione um cristal de aterramento abaixo dos pés (posição 10).
4. Posicione um cristal de energização sobre o chakra da Base (posição 9).
5. Posicione cristais estabilizantes de cada lado dos quadris (posições 7 e 8).
6. Posicione um cristal de coração ou de limpeza sobre o chakra do Coração ou Plexo Solar (posição 6). Um Quartzo Clorita ou uma Aventurina Verde funcionarão nas duas posições.
7. Posicione uma Ágata Rendada Azul ao lado de cada ombro (posições 4 e 5).
8. Posicione uma Ametista ao lado de cada orelha (posições 2 e 3).
9. Posicione um Quartzo Transparente ou Selenita sobre o chakra da Coroa (posição 1).
10. Deite-se em silêncio por dez a quinze minutos, respirando suavemente.
11. Remova os cristais na ordem inversa a que foram posicionados, depois limpe-os de acordo com as instruções da p. 39.

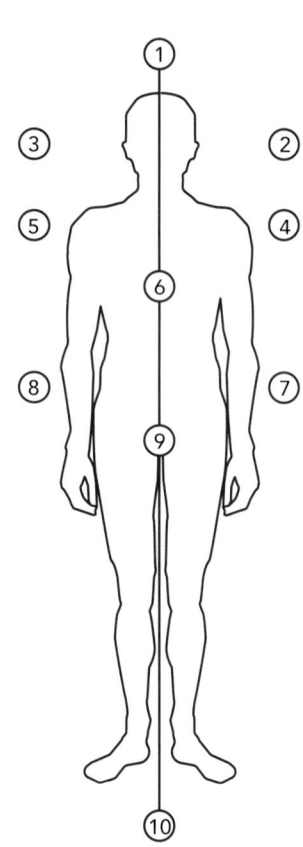

Árvore da Vida e Árvore da Vida sobre o corpo

Cristais sugeridos: Cristais de aterramento (ver p. 30), cristais dos chakras (ver p. 44), Cornalina ou Jaspe Vermelho, Pederneira, Quartzo Clorita, Aventurina Verde ou outro cristal de limpeza, Quartzo Rosa, Ágata Rendada Azul, Ametista ou Auralita 23, Quartzo, Petalita, Cianita Azul ou Selenita 11.

A Árvore da Vida estendida traçada para equilibrar os chakras e curar o coração.

GRADES ESPECÍFICAS

PESSOAL

SUPERCRISTAIS RAIO SOLAR: O ANTÍDOTO PARA A DEPRESSÃO

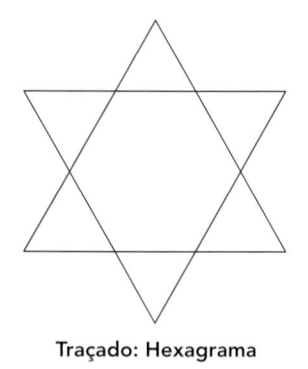

Muitas pessoas sofrem de depressão no inverno, o transtorno afetivo sazonal, devido à falta de luz solar, mas usar cristais Raio Solar apropriados e uma grade baseada no hexagrama pode ajudar a neutralizar esse efeito. Esta grade pode ser posicionada sobre e em torno do seu corpo, para estimular a glândula pituitária e a produção hormonal; ou pode ser traçada em seu ambiente para banhá-lo de energia solar. Coloque os cristais no sol durante uma ou duas semanas, antes do equinócio de outono, para carregá-los e armazenar luz solar nos cristais, para que estejam prontos para o próximo inverno.

Como usar a grade: Use a grade por alguns minutos diariamente sempre que se sentir deprimido ou trace-a sob a cama. Isso funciona especialmente durante os meses de inverno, mas também ajuda a combater o desânimo e a depressão ao longo do ano.

Época: Como medida preventiva, comece a traçar a grade no equinócio de outono, por volta de 20 de março, e continue até equinócio de primavera, por volta de 22 de setembro.

Cor e fundo: Tecido dourado ou amarelo.

Traçado: Hexagrama

VOCÊ PRECISARÁ DE:

- 1 cristal de limpeza, como a Shungita, a Pederneira ou o Quartzo Enfumaçado
- 5 cristais Raio Solar
- 1 pedra angular pequena

PARA MONTAR A GRADE:

1. Comece posicionando os cristais limpos à luz do sol por uma ou duas semanas, antes do equinócio.
2. Segure os cristais nas mãos e afirme a sua intenção para a grade.
3. Posicione um cristal de limpeza, com a ponta voltada para baixo, abaixo dos pés ou na base do traçado.
4. Posicione um cristal Raio Solar acima da cabeça ou no topo da grade.
5. Posicione um cristal Raio Solar de cada lado da cabeça, na altura dos lóbulos das orelhas ou em ambos os lados da grade, apontando para dentro.
6. Posicione dois cristais Raio Solar em cada lado da virilha ou abaixo dos dois anteriores, apontando para dentro.
7. Posicione um pequeno cristal Raio Solar como pedra angular sobre o plexo solar ou no centro da grade para reafirmar sua intenção.
8. Deite-se calmamente por dez a vinte minutos, inspirando e levando o ar para o plexo solar e absorvendo as energias dos cristais.

9. Quando estiver pronto para se levantar, remova os cristais na ordem inversa em que os posicionou, então limpe-os de acordo com as instruções da p. 39. Ou deixe a grade embaixo da sua cama.
10. Coloque a pedra lapidar no bolso, onde você sentirá suas energias irradiando para o seu corpo e deixe-a lá enquanto se sentir conectado a ela (não se esqueça de limpá-la regularmente). Quando sentir que o cristal perdeu a carga, você pode repetir a grade após recarregar os cristais à luz solar, com uma essência feita para esse propósito ou sobre uma grande Cornalina.
11. Coloque os cristais ao ar livre para recarregá-los sempre que fizer sol.

Cristais sugeridos: Citrino, Pedra do Sol, Calcita Amarela, Quartzo Agente Cura Ouro, Quartzo Celta, Quartzo, Quartzo Rutilatado, Olho de Tigre, Cianita Laranja, Cornalina, Azeztulita Dourada, Maianita Arco-Íris, Jaspe Mocaita, Jaspe Mamangaba (*Bumblebee*), Opala Amarela, Jaspe Amarelo, Zincita.

A grade contra depressão traçada sobre o corpo. Os cristais Raio Solar sob as mãos.

A Clinoptilolita é a pedra lapidar central deste Hexagrama de Quartzo Enfumaçado e Quartzo Green Ridge, para ajudar uma pessoa a enfrentar o tratamento contra o câncer. A Calcita Verde foi acrescentada para combater as náuseas e o Agente de Cura Ouro Celta, para promover o bem-estar geral.

APOIO DURANTE DOENÇAS GRAVES

O Merkabah é um excelente recurso se você ou alguém que você conhece está enfrentando uma doença grave ou crônica. Ele é a forma ideal para oferecer apoio emocional e energético, e transmitir constantes vibrações de cura. Você pode escolher uma pedra angular central que seja especialmente adequada para a doença em questão ou pode selecionar uma que propicie centramento e estabilidade, independentemente da doença. As duas opções funcionam bem.

Como usar a grade: Trace a grade num lugar onde ela não será tocada. Embaixo da cama é o lugar ideal se a grade for para você mesmo. E se não for, trace-a sobre a fotografia da pessoa doente.

Época: Monte a grade quando for necessário e mantenha-a no lugar enquanto a doença persistir. Limpe regularmente os cristais (ver p. 39).

Cor e fundo: O azul e o verde são duas cores tradicionais de cura.

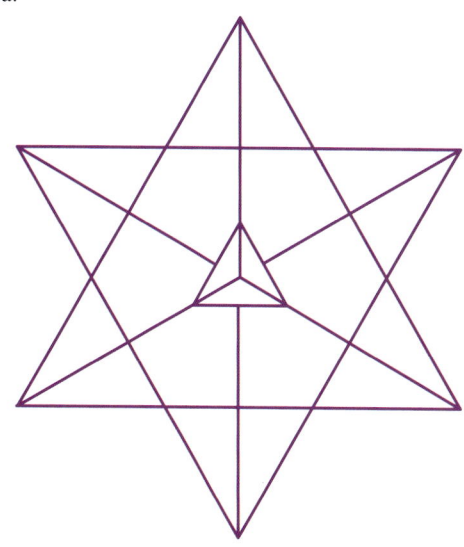

Traçado: Merkabah (ver p. 86)

VOCÊ PRECISARÁ DE:
- Cristais da lista de cristais sugeridos
- Pedra angular
- Fotografia da pessoa, se ela não estiver presente

PARA MONTAR A GRADE:
1. Segure os cristais nas mãos e afirme a sua intenção para a grade.
2. Escolha um local onde a grade não será tocada.
3. Trace a grade sobre uma fotografia ou um papel com o nome da pessoa que precisa de ajuda, ou trace-a debaixo da sua cama ou do seu próprio corpo.
4. Posicione um cristal apropriado em cada uma das seis pontas externas.
5. Coloque uma pedra angular no centro.
6. Una cada um dos triângulos com o poder da mente ou uma varinha de cristal.
7. Conecte cada cristal externo à pedra angular central para ligar o poder dos cristais.
8. Adicionar mais cristais de apoio, se apropriado.
9. Mantenha a grade no lugar durante o tempo que for necessário. (Se você estiver deitado sob a grade ou com ela ao redor do seu corpo, deixe-a no lugar por dez a vinte minutos, ou mais tempo, se sentir que é preciso.)
10. Quando estiver pronto para desmontar a grade, remova os cristais na ordem inversa em que os posicionou e siga as instruções da p. 39 para limpeza. (Para uma limpeza mais profunda, após o uso enterre no solo os cristais mais robustos, como o Quartzo Enfumaçado ou a Pederneira, e deixe os mais delicados enterrados no arroz integral por um ou dois dias.)

Cristais sugeridos: Olho da Tempestade (Jaspe da Judy), Shungita, Pederneira, Jade, Quantum Quattro, Que Será (Llanita), Quartzo Rosa.
Apoio ao câncer: Clinoptilolita, Quartzo Enfumaçado, Quartzo Rosa, Quartzo, Quartzo Green Ridge, Quartzo Agente de Cura Ouro "Oleoso", Calcita Verde.
Problemas neuromusculares: Natrolita e Escolecita, Rodonita, Jaspe Vermelho, Fluorita, Ágata Dendrítica.

PESSOAL

CURA PARA DOR DE CABEÇA

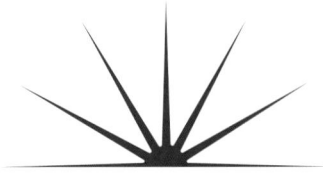

As dores de cabeça e as enxaquecas podem ser debilitantes, mas uma grade de sete cristais (apontando para dentro) em torno da sua cabeça, com um oitavo cristal sobre a sua testa, rapidamente libera a pressão de uma cefaleia ou enxaqueca causada por tensão e também ameniza a agitação mental. Esta grade é extremamente útil se sua mente está inquieta, impedindo-o de dormir, ou se o Terceiro Olho estiver fechado. (Nesse caso, tente posicionar uma Apofilita, uma Selenita Romboide, uma Azurita ou Bytownita sobre o Terceiro Olho.)

Raio Solar pela metade
(ver p. 68)

Como usar a grade: Trace-a em algum lugar onde você não será perturbado por dez a vinte minutos. Posicione os cristais em volta da cabeça e deixe a pressão se dissipar. Uma alternativa é montar a grade embaixo do seu travesseiro.

Época: Use esta grade quando for necessário, mas ela é particularmente poderosa na lua cheia, se a dor de cabeça for provocada por um bloqueio no Terceiro Olho.

Cor e fundo: Fundo prateado ou azul.

VOCÊ PRECISARÁ DE:

- 7 pontas de Ametista ou Lápis-Lazúli
- 1 Auralita 23, Amazez ou outro cristal apropriado
- Pedra de aterramento, se apropriado

PARA MONTAR A GRADE:

1. Segure os cristais nas mãos e afirme a sua intenção para a grade.
2. Posicione as sete pontas de Ametista voltadas para dentro, de modo que duas fiquem na altura dos ouvidos quando você se deitar; uma estará acima da cabeça e as restantes, posicionadas a intervalos espaçados entre elas.
3. Deite-se e posicione o Auralita 23 na testa.
4. Posicione uma pedra de aterramento sobre o coração, se apropriado.
5. Sinta a energia dos cristais se agregar na Auralita 23 e irradiar através da sua cabeça, liberando a tensão. Deite-se dentro da grade durante o tempo que achar necessário ou até a dor diminuir.
6. Quando a dor de cabeça passar, remova os cristais na ordem inversa em que os posicionou (primeiro a Auralita 23 e depois as sete pontas de Ametista); então limpe-os de acordo com as instruções da p. 39.

Cristais sugeridos: Ametista, Apofilita, Ametista Chevron, Auralita 23, Azurita, Lápis-Lazúli, Quartzo, Selenita Romboide, Bytownita, Labradorita, Azurita.

A Ametista é posicionada ao redor da cabeça, a Auralita 23 no Terceiro Olho é a pedra angular e um cristal de Ametista é posicionado sobre o coração, como pedra de aterramento, para aliviar o tumulto emocional que contribui para a dor de cabeça.

CLAREZA MENTAL

A confusão mental pode surgir por várias razões, algumas das quais podem exigir que se trace uma outra grade para curar as causas subjacentes. Mas a clareza também pode ser obtida concentrando-se na grade simples de um quadrado expandido. Isso é particularmente útil quando você está se preparando para fazer um exame, antes de uma entrevista de emprego ou sempre que precisar se expressar com clareza. Posicione uma pedra apropriada, como a Apofilita ou a Fluorita, como pedra angular.

Como usar a grade: Trace a grade em seu ambiente ou sob a cabeceira da cama, onde ninguém a tocará. Ou deite-se na grade, com a parte superior da cabeça logo abaixo da pedra angular ou com a pedra angular na testa, se um amigo ou parceiro for montar a grade ao seu redor.

Época: Não é preciso aguardar uma época especial. Use essa grade sempre que for necessário.

Cor e fundo: O amarelo é a cor tradicional da clareza mental.

VOCÊ PRECISARÁ DE:

- 4 cristais de clareza mental
- 4 cristais de aterramento
- Cristais para o perímetro, se apropriado
- Pedra angular

PARA MONTAR A GRADE:

1. Segure os cristais nas mãos e afirme a sua intenção para a grade.
2. Posicione os quatro cristais de clareza mental nos cantos do quadrado interno. (Se você for se deitar na grade, faça o quadrado de um tamanho que lhe permita se deitar dentro dele.)
3. Posicione os quatro cristais de aterramento nos cantos do quadrado exterior.
4. Se apropriado, posicione cristais ao redor do perímetro. (Use a radiestesia para verificar quais, se necessário).
5. Se você for se deitar na grade, deite-se agora.
6. Posicione a pedra angular no centro da grade ou na testa.
7. Use o poder da mente para conectar os cristais, indo da pedra angular para o perímetro. Em seguida, trace o círculo. Volte para o centro da grade e depois para fora outra vez, para conectar o quadrado exterior, depois o interior.
8. Se está montando a grade em seu ambiente, mantenha-a no lugar pelo tempo que quiser. Contanto que a limpe com regularidade, você pode deixá-la no lugar permanentemente. Ou, se estiver dentro da grade, fiquei deitado por dez a vinte minutos, ou mais, se quiser.
9. Quando estiver pronto para desmontar a grade, remova os cristais na ordem inversa em que os posicionou, depois limpe-os de acordo com as instruções da p. 39.

Cristais sugeridos: Apofilita, Fluorita, Auralita 23, Ágata Rendada Azul, Quartzo Transparente, Esmeralda, Dumortierita, Selenita Romboide, Azurita, cristais de aterramento (ver p. 30).

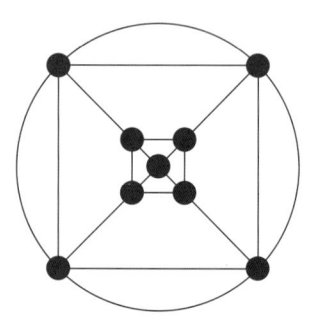

Traçado: Quadrado expandido

Um Merkabah de Ametista é o foco central desta grade simples para a clareza mental, formada por Fluoritas e Pederneiras.

GRADES ESPECÍFICAS | 135

CRIATIVIDADE E FERTILIDADE

A Semente da Vida é o núcleo central da Flor da Vida. É o ponto fundamental da concepção e novos começos. Esta grade é perfeita para facilitar a concepção física e o início de um novo projeto.

Como usar a grade: Monte esta grade sempre que estiver iniciando um novo projeto ou se quiser conceber uma criança física ou mágica. Também pode ser útil para o trabalho com a sua criança interior.

Época: Por tradição, a lua nova, o Ano-Novo e a primavera são as épocas mais auspiciosas para iniciar novos projetos. Evite o período anterior ao solstício de inverno, pois nessa época a força vital está adormecida. Mas o período logo após o solstício de inverno é um excelente momento para a concepção física. Ou monte a grade sempre que você conceber um projeto e quiser empreendê-lo com segurança.

Cor e fundo: As cores sanguíneas e da primavera são fundos adequados.

Traçado: Semente da Vida

VOCÊ PRECISARÁ DE:

- Um modelo
- Pedra angular
- 6 pontas de cristal de limpeza
- 6 cristais de manifestação ou de concepção
- 6 cristais de ativação
- 6 pedras de aterramento

PARA MONTAR A GRADE:

1. Segure os cristais nas mãos e afirme a sua intenção para a grade.
2. Posicione a pedra angular, reafirmando sua intenção.
3. Posicione as seis pontas de cristal de limpeza no interior das pétalas da flor, voltadas para o centro.
4. Posicione os seis cristais de manifestação ou concepção nas extremidades externas das "pétalas" internas.
5. Posicione os seis cristais de ativação nas pontas das "pétalas" maiores.
6. Use o poder da mente para ligar os cristais e ativar a grade. Reafirme a sua intenção.
7. Posicione os cristais de aterramento no perímetro exterior, alinhados com os cristais de limpeza, nas pétalas internas.
8. Mantenha a grade no lugar e concentre-se diariamente, mantendo seu projeto em mente. Lembre-se de borrifá-lo com essência de limpeza quando parecer que a energia está se dissipando. Vire as pedras se for apropriado, depois que a concepção ocorrer.
9. Remova a grade quando o projeto for concretizado ou a substitua conforme apropriado.
10. Depois de ter desmontado a grade, removendo os cristais na ordem inversa em que os posicionou, limpe-os de acordo com as instruções da p. 39.

Cristais sugeridos: Cornalina, Citrino, Lágrimas de Calcedônia, Ágata de Fogo, *Goldstone*, Jade, Cianita Laranja, Menalita, Topázio Imperial, Lingam de Shiva, Jaspe Vermelho. Cristais de limpeza (ver p. 30), cristais de aterramento (ver p. 30).

A Menalita, uma pedra do útero, cercada por seis pontas purificadoras de Quartzos Enfumaçados, é o foco de uma grade de Concepção e Criatividade formada por Cianitas Laranjas, Cornalinas Laranjas e Lágrimas de Calcedônia. Com a pedra voltada para baixo, a grade abre o caminho para a concepção. Viradas ao contrário, a Menalita mantém um espaço para o projeto se desenvolver, até que seja a hora do seu nascimento.

PARA ATRAIR O AMOR

Amor nunca é demais na nossa vida. Esta grade atrai amor e romance para você ou fortalece uma relação amorosa. Ela pode ser usada para irradiar amor para o mundo também. A grade do Coração também é a grade perfeita para o perdão. Você pode usá-la para se livrar da dor causada por um antigo rompimento – entre você e seu parceiro ou um amigo – ou mesmo para enviar perdão a alguém que o feriu no passado. (Use a radiestesia, explicada na p. 31, ou a intuição para descobrir quais cristais usar, dependendo da sua intenção.)

Este traçado é um ótimo exemplo de como você pode criar a sua própria grade. Fui inspirada a fazer essa grade quando encontrei, numa loja de antiguidades, um suporte em forma de coração e me deparei com alguns adoráveis corações de Quartzo Rosa numa loja esotérica. Podemos encontrar inspiração em qualquer lugar.

Como usar a grade: Monte esta grade para encontrar um novo amor, para fortalecer um antigo amor ou para enviar amor incondicional ao mundo ou a uma pessoa específica.

Época: A lua nova é, por tradição, o melhor momento para evocarmos um novo amor, mas esta grade pode ser montada a qualquer momento para irradiar, restaurar ou fortalecer o amor.

Cor e fundo: Fundo rosa, vermelho ou verde. (Rosa e vermelho estão associados ao amor e ao coração, e o verde está associado ao chakra do Coração.)

VOCÊ PRECISARÁ DE:

- Pedras em número suficiente para traçar um coração
- Pedra angular
- Pedra de aterramento
- Cristal alma gêmea de alta vibração (os cristais alma gêmea são dois cristais aproximadamente do mesmo tamanho, unidos como um só.)

PARA MONTAR A GRADE:

1. Segure os cristais nas mãos e afirme a sua intenção para a grade.
2. Posicione os cristais ao redor do modelo de coração, respirando com atenção enquanto faz isso.
3. Se for apropriado, faça um anel interno de pedras de coração.
4. Posicione uma pedra de aterramento na base ou onde for mais apropriado.
5. Posicione a pedra angular no centro ou onde for mais apropriado.
6. Posicione um cristal alma gêmea de alta vibração acima da grade.
7. Trace o coração com uma varinha de cristal ou ligue-o com o poder do coração e a mente.
8. Mantenha a grade no lugar enquanto for necessário atrair mais amor para sua vida. Lembre-se de limpá-la regularmente. Confie na sua intuição para lhe dizer quando desmontá-la.
9. Quando estiver pronto para desmontar a grade, remova os cristais na ordem inversa em que os posicionou e limpe-os de acordo com as instruções da p. 39.

Uma pedra angular de Calcita Mangano está cercada por um anel interno de Ametistas e um anel externo de Quartzo Rosa. Acima da grade, uma Ametista Brandenberg Transparente alma gêmea irradia amor espiritual na grade. Abaixo da grade, Uma Ametista Brandenberg Enfumaçada alma gêmea ancora esse amor no plano terreno.

Cristais sugeridos: Quartzo Rosa, Rodocrosita, Rodonita, Aventurina Verde, Larimar, Selenita, Sugilita, Amazonita, Quartzo Espírito, formação alma gêmea (dois cristais unidos). Cristais de aterramento (ver p. 30). Consulte *Crystal Love* nos Recursos, p. 184.

ABUNDÂNCIA

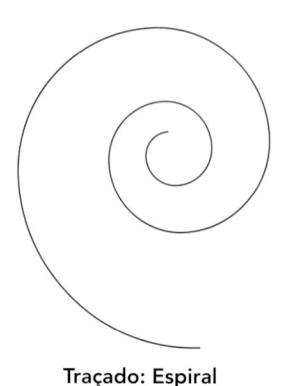

A espiral insufla energia numa situação que não progride ou elimina a energia negativa. Então, se as suas finanças estão oscilando e você precisa de uma infusão de dinheiro, use a grade de espiral para eliminar qualquer coisa que esteja bloqueando sua abundância. Ou, se você estiver querendo um aumento ou um novo emprego, faça uma espiral da Abundância. Monte-a sobre um bilhete de loteria ou uma folha de papel onde estiver escrito o seu desejo. A abundância não envolve apenas dinheiro. Abundância é sentir-se satisfeito e seguro com o que você tem, vivendo uma vida rica e gratificante, compartilhando a generosidade da vida, mostrando gratidão e fé de que o universo proverá todas as suas necessidades.

Como usar a grade: Primeiro, monte a grade com as pontas de cristal apontando para cima e para fora, a fim de limpar as energias e remover todos os bloqueios à abundância. Limpe seus cristais, depois vire-os, deitando-se na grade com os cristais apontando para o centro, com o propósito de atrair abundância.

Época: A lua nova é, por tradição, o melhor momento para iniciar novos projetos, mas a grade da Abundância também costuma ser montada na lua cheia. Se o tempo permitir, monte primeiro uma grade de limpeza preparatória e depois monte a segunda grade. (Lembre-se de limpar os cristais e os espaços entre eles na grade.) Mantenha a grade no lugar por um ciclo completo da lua ou até que ela tenha concluído seu trabalho.

Cor e fundo: O verde, o ouro e o amarelo são as cores tradicionais da abundância.

VOCÊ PRECISARÁ DE:

- Uma base para a grade, como madeira, ardósia, madeira fossilizada ou uma cartolina ou um tecido dourado
- Um cristal de Citrino e/ou *Goldstone,* limpos e energizados
- Diamantes de Herkimer ou Quartzo Enfumaçado limpos e energizados
- Uma *Goldstone* limpa e energizada para servir como pedra angular
- Uma pedra de aterramento, se for apropriado

PARA MONTAR A GRADE:

1. Se estiver fazendo uma espiral preparatória de "limpeza", comece do ponto mais alto e vá posicionando os cristais alternadamente, com as pontas voltadas para o centro. Posicione a *Goldstone* no centro como pedra angular. Se estiver montando uma grade da Abundância, comece posicionando a *Goldstone* no centro, afirmando que sua intenção é que ela traga abundância para a sua vida.
2. Trace uma espiral com cristais alternados, com as pontas voltadas para baixo e para dentro, até chegar à *Goldstone*.
3. Adicione uma pedra de aterramento, se for apropriado.
4. Quando a grade não for mais necessária, desmonte-a de acordo com as instruções da p. 39.

Cristais sugeridos: Citrino, *Goldstone*, Aventurina Verde, Diamante de Herkimer, Jade, Ágata Musgo, Rubi, Olho de Tigre, Topázio.

Traçado: Espiral da Abundância

Posicionar os cristais da abundância sobre uma base de madeira petrificada para aterrá-los é o ideal, mas eles também podem ser posicionados em forma de espiral dentro de casa, de preferência numa superfície de madeira ou de pedra. Esta grade foi montada sobre uma base de ardósia e utiliza uma Pederneira como pedra de aterramento.

GRADES ESPECÍFICAS

PESSOAL

CARREIRA E CAMINHO DE VIDA

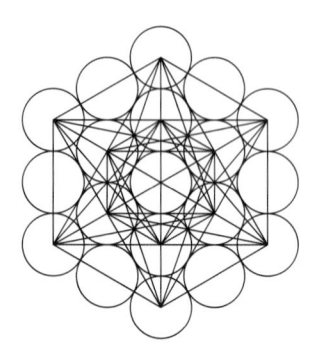

Embora o Cubo de Metatron pareça complexo à primeira vista, ele só requer dois conjuntos de cristais posicionados numa pedra angular central, para esclarecer situações complicadas e levar você ao cerne do que realmente importa. Esteja ciente, no entanto, de que as respostas podem se apresentar de maneira incomum e inesperada. Por exemplo, uma frase de uma música no rádio pode se destacar das outras e lhe trazer uma resposta, ou um amigo pode recomendar um livro a você ou publicar algo relevante e edificante nas mídias sociais. O Cubo de Metatron também pode ser usado para ajudá-lo a receber uma promoção e progredir na sua carreira.

Como usar a grade: Se você não tiver certeza do caminho que quer seguir na vida, particularmente em relação à sua carreira, monte esta grade e peça orientação. Afirme que a oportunidade perfeita se manifestará no tempo certo. Se está querendo uma promoção, monte a grade antes de interpelar seu chefe ou fazer uma entrevista para um novo cargo.

Época: O ideal seria traçar o Cubo na lua nova e esperar uma resposta na lua cheia. Depois disso, a grade pode ser desmontada.

Cor e fundo: Ouro, prata ou uma cor que seja compatível com a carreira pretendida. Por exemplo, se você quer fazer medicina, pode escolher o azul, a cor tradicional da cura; ou, se você ainda não sabe que carreira seguir, pode escolher o amarelo ou o ouro para representar "abundância" ou dinheiro. Uma base natural de pedra ou madeira seria uma escolha prática também, fundamentando a resposta no dia a dia.

Traçado: Cubo de Metatron

Um Peridoto rolado para propiciar *insights* está cercado de Citrinos, Diamantes de Herkimer rolados e pontas de Cornalina. A grade está ancorada com uma Pederneira.

GRADES ESPECÍFICAS | 143

VOCÊ PRECISARÁ DE:

- Um modelo
- 6 cristais de carreira e/ou de caminho de vida (veja os cristais sugeridos abaixo)
- 6 cristais de aterramento
- Uma pedra angular
- Uma varinha de cristal

PARA MONTAR A GRADE:

1. Segure os cristais nas mãos e afirme a sua intenção para a grade.
2. Posicione seis cristais de carreira ou de caminho de vida ao redor do hexágono central.
3. Posicione seis pedras de aterramento ao redor do hexágono externo.
4. Adicione outras pedras de limpeza ao redor do perímetro, se apropriado.
5. Posicione a pedra angular no centro para ativar a grade.
6. Mova a varinha de cristal de cada um dos cristais externos até o centro. (Use a varinha de cristal nesta grade, pois, por ser complexa, é melhor ativá-la com uma varinha para definir bem o fluxo da energia.) Reafirme a sua intenção.
7. Respire normalmente por alguns instantes, focando os olhos na grade. Em seguida, se desconecte dela e deixe-a no ambiente sem tocá-la mais, para que faça o seu trabalho. Mantenha a grade no lugar até receber sua resposta.
8. Quando estiver pronto para desmontar a grade, remova os cristais na ordem inversa em que os posicionou, depois de limpá-los de acordo com as instruções da p. 39.

Cristais sugeridos: Jade Azul, Cornalina, Citrino, Aventurina Verde, Turmalina Verde, Ágata Musgo, Quartzo Rosa, Turquesa, Olho de Tigre, Septariana. Cristais de aterramento (ver p. 30).
Cristais Caminho de Vida: Eudialita, Turquesa, Semente Lemuriana Morango, Pietersita, Cristal "Caminho de Vida" (longo, fino e claro, com um ou mais lados absolutamente lisos).

GLOSSÁRIO DE CRISTAIS

CORNALINA

A Cornalina estimula a coragem e a ação. Restaura a motivação, energiza o corpo da alma e ajuda a tornar seus sonhos realidade. Com esta pedra, você pode executar um ato de magia verdadeiramente poderoso, capaz de transformar o mundo terreno. Por exemplo, use-a com sucesso para se candidatar ao emprego dos seus sonhos (para o qual você ainda não está qualificado) e que pode transformar radicalmente a vida de outras pessoas.

PEDERNEIRA

A Pederneira ajuda a desintoxicar e diminuir o sofrimento. Seu poder de cura abrange os níveis emocional, psicológico e energético, mas não o físico. Ela rompe bloqueios, laços de vidas passadas e ligações no nível dos chakras que você já superou. Levando-o para dentro de si mesmo, a Pederneira revela e transmuta causas subjacentes à depressão. Ela o ajuda a tomar consciência dos dons da sua sombra. Dá estabilidade e reestrutura informações armazenadas nas células. Cortando tudo que já não serve mais para você, ela o liberta do passado.

PIETERSITA

A Pietersita faz com que você se aproxime da sua verdade. Ela pode ser usada para uma busca de visão ou numa jornada xamânica, pois propicia um estado elevado de consciência. Ela elimina o condicionamento imposto por outras pessoas e conecta você à sua orientação interior.

AVENTURINA VERDE

A Aventurina Verde protege o chakra Esplênico contra o vampirismo energético e, portanto, contra emissões eletromagnéticas também. É uma ótima pedra para ajudá-lo a sair da sua zona de conforto, pois proporciona estímulo e coragem.

GRADES ESPECÍFICAS | 145

PESSOAL

MEDITAÇÃO DO EU INTERIOR

Traçado: Labirinto

Traçar a grade do Labirinto já é, por si só, uma meditação, mas posicionar os cristais e caminhar lentamente pela grade (com os pés, os dedos ou uma ponta de cristal) realmente altera suas ondas cerebrais, levando sua mente a um estado meditativo que combina o estado alfa, um relaxamento inicial e uma consciência expandida. Isso leva você ao estado teta, associado à visualização e à resolução de problemas sem esforço. Se descansar por algum tempo no centro de um labirinto de cristais, isso o levará ao estado delta, um nível ainda mais profundo de consciência em que você permanece muito alerta, ainda que totalmente relaxado, uma vez que as ondas alfa ainda estão em atividade. As ondas cerebrais delta são longas e lentas como a batida ressonante de um tambor dentro de você.

Este tipo de relaxamento profundo e de foco intenso cria um estado de percepção alerta profundamente meditativo. Nesse estado, qualquer coisa que você queira pode se manifestar. Com a prática, leva apenas alguns minutos para você entrar nesse padrão combinado de ondas cerebrais.

Como usar a grade: Use essa grade como foco de contemplação, relaxamento e meditação, ou para a resolução de problemas.

Época: Esta grade é particularmente eficaz se montada na lua negra, nova e cheia, mas caminhar pelo Labirinto pode ser uma meditação semanal ou mesmo diária.

Cor e fundo: Os labirintos são, por tradição, traçados no chão, desenhados sobre uma pedra ou esculpidos em madeira. Trace seu labirinto sobre um fundo e afirme a sua intenção.

Turquesas e Diamantes de Herkimer Enfumaçados e Transparentes levam você ao centro do Eu e a um lugar de profunda sabedoria interior.

GRADES ESPECÍFICAS | 147

VOCÊ PRECISARÁ DE:

- Uma cartolina ou um modelo de labirinto
- Cristais em número suficiente para traçar o labirinto
- Pedra angular

PARA MONTAR A GRADE:

1. Providencie o seu modelo ou coloque a cartolina na sua frente.
2. Segure os cristais nas mãos (ou coloque as mãos sobre eles se estiver deitado numa grade maior, ao ar livre).
3. Posicione cada cristal lentamente, com a mente concentrada.
4. Quando o labirinto estiver completo, mova-se lentamente para o centro com os pés, o dedo ou a varinha de cristal.
5. Faça uma pausa no centro por vários minutos. Concentre-se na respiração e sinta uma conexão profunda com seu eu interior e com tudo ao seu redor. (Evite se concentrar numa intenção ou resultado específico. A ideia é conseguir atingir um estado de "não mente", intensamente meditativo.)
6. Saia do labirinto, mantendo os cristais no lugar, prontos para a próxima jornada.
7. Mantenha a grade no lugar durante o tempo que for necessário, confiando na sua intuição para lhe dizer quando desmontá-la. Esta é uma grade complexa, então você não deve montar uma nova cada vez que for usá-la.
8. Para desmontar a grade, remova os cristais na ordem inversa em que os posicionou e limpe-os de acordo com as instruções da p. 39.

Cristais sugeridos: Amolita, Amonita, cristais de alta vibração e meditação, Anandalita®, Petalita, Azeztulita, Quartzo Enfumaçado Elestial, Quartzo Rosa Elestial, Selenita, Semente Lemuriana, Agente de Cura Celta, Quartzo Tibetano, Diamante de Herkimer, Amazez, Turquesa; cristais resistentes às intempéries como o Quartzo, o Quartzo Rosa, a Labradorita bruta ou o Quartzo Enfumaçado.

GLOSSÁRIO DE CRISTAIS

DIAMANTE DE HERKIMER TRANSPARENTE

Os Herkimers transformam a maneira como você vê o mundo. Eles o ajudam a criar, no corpo físico, novas vias neurais que se conectem ao Corpo de Luz e ao Tudo o Que É, para manifestar seu potencial espiritual na Terra. O Herkimer o sintoniza com uma realidade muito maior e acelera seu crescimento espiritual, para que você tenha coerência em todos os níveis do ser.

LABRADORITA

A Labradorita cria um escudo protetor entre você e o mundo exterior. Estimulando os nossos dons metafísicos, ela atravessa múltiplas dimensões para entrar em contato com o mundo espiritual.

SEMENTE LEMURIANA

Um conector e ativador extremamente eficaz para grades, o cristal Semente Lemuriana tem uma vibração excepcionalmente alta, que auxilia na evolução do planeta. Preserva o conhecimento da antiga Lemúria e ainda vai além.

CELESTITA

Um dos principais cristais para se conectar com os anjos, a Celestita estimula a clarividência e promove a lembrança dos sonhos e das viagens fora do corpo. Ela nos ensina a confiar na infinita sabedoria do universo. Um cristal para solucionar conflitos, a Celestita promove o equilíbrio em tempos de estresse.

PESSOAL

COMUNICAÇÃO COM OS ANJOS

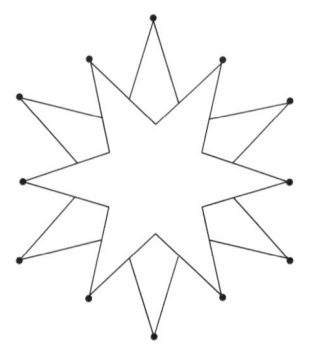

A estrela de doze pontas é, por tradição, um símbolo associado ao reino angélico. Você pode usá-la para entrar em contato com seu anjo da guarda ou com o arcanjo da sua escolha. Use essa grade se quiser entrar em contato com um anjo, se sentir necessidade de proteção ou quiser sentir alguém segurando a sua mão e conduzindo-o pela vida, durante um período difícil. Com ela você também pode enviar o mesmo tipo de proteção amorosa a outra pessoa, como um filho, por exemplo. Esta grade é adequada para se montar num altar doméstico. (Isso não é uma indicação de que você está reverenciando o arcanjo em questão, mas simplesmente que deseja entrar em contato com o reino angélico.)

Como usar a grade: Posicione uma pedra angular no centro da grade, de acordo com o anjo ou arcanjo com quem deseja entrar em contato.

Época: Monte a grade quando quiser. Você pode, inclusive, usá-la na sua meditação diária.

Cor e fundo: Você pode montar a sua grade sobre uma cor associada a um arcanjo específico (consulte a lista da p. 153) ou num fundo de uma cor não específica, como tons claros de azul, prata ou dourado.

Traçado: Estrela de doze pontas

Esta grade formada pela estrela angélica usa Lápis-Lazúlis e Diamantes de Herkimer para estabelecer uma conexão com o arcanjo Miguel, um importante guardião e protetor.

GRADES ESPECÍFICAS | 151

VOCÊ PRECISARÁ DE:

- 12 cristais angélicos
- Pedra angular do Arcanjo

PARA MONTAR A GRADE:

1. Segure os cristais nas mãos e afirme a sua intenção para a grade.
2. Posicione um cristal em cada ponta da estrela, seguindo no sentido horário.
3. Posicione a pedra angular no centro e evoque a presença do arcanjo escolhido ou convide seu anjo da guarda a se aproximar de você. Mantenha a mente aberta e peça ao seu anjo que mostre a presença dele. Você pode ouvir uma batida de asas angelicais ou uma música celestial; pode sentir uma brisa fresca no rosto ou apenas perceber um sentimento profundo de conforto e amor incondicional.
4. Mantenha a grade no lugar enquanto sentir que é necessário (de quinze a vinte minutos) ou permanentemente em seu altar.
5. Quando estiver pronto para desmontar sua grade, remova os cristais na ordem inversa em que os posicionou, depois limpe-os de acordo com as instruções da p. 39.

Cristais sugeridos: Cristais de arcanjos de acordo com as cores citadas na lista a seguir; Calcita Asa de Anjo, Angelita, Celestita Azul, Quartzo Anfíbolo, Anandalita® (Quartzo Aurora), Quartzo Aura Anjo, Larimar, Selenita Lilás, Serafinita, Quartzo Rutiliado, Ametista Vera Cruz.

Cores e qualidades dos arcanjos

ARCANJO	COR	QUALIDADE
Ariel	cor-de-rosa	confiança, manifestação
Atrugiel	vermelho, preto/enfumaçado	proteção
Azrael	branco cremoso	conforto, transição
Chamuel	verde pálido	paz, encontrar de coisas perdidas
Gabriel	cobre, branco	revelação
Haniel	azul-claro, translúcido	harmonia, intuição
Jeremiel	roxo	profecia, inspiração
Jophiel	rosa escuro, magenta	sabedoria, beleza
Lúcifer	branco puro, transparente	transformação
Melchizedek	prateado/dourado	trazer luz
Metatron	violeta, rosa, verde	expansão
Miguel	lilás, roxo vivo, azul-royal, dourado	coragem, compreensão esotérica
Raguel	azul-claro, azul-esverdeado	relacionamento harmonioso
Rafael	verde-esmeralda	cura
Raziel	cores do arco-íris	visão espiritual, guardião akáshico
Sandalphon	turquesa	verdade
Uriel	amarelo, vermelho	ideias
Zadkiel	roxo, índigo profundo	compaixão, perdão

PESSOAL

EXPANSÃO ESPIRITUAL: PARA ENCONTRAR UM MENTOR DRAGÃO

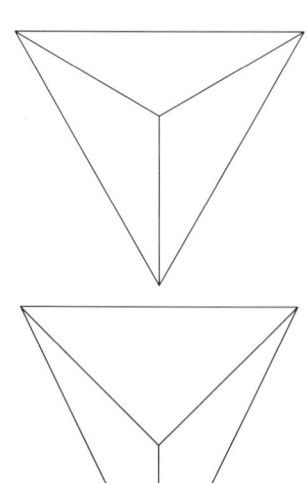

O Olho do Dragão é uma poderosa grade para atrair um mentor espiritual ou animal de poder, especialmente um dragão, ou um ser estelar ou terreno. (O ser terreno poderia ser um deva, que é um espírito de natureza, ao passo que um espírito estelar vem de fora deste universo e só quer nosso mais elevado bem.) Como uma poderosa energia arquetípica, os dragões estão cada vez mais próximos da consciência humana, pois expressaram o desejo de auxiliar na evolução espiritual da Terra. Eles são aliados das quatro direções cardeais e também do céu e da terra. Conectam-se aos elementos Fogo, Terra, Ar, Água, Metal e Espírito ("Éter"). Para atrair um mentor dragão, coloque, no centro do Olho, um dragão de cristal esculpido.

Como usar a grade: Monte a grade para evocar um animal de poder, um dragão, um ser terreno ou estelar para ajudá-lo a superar os desafios da sua vida.

Traçado: Olho do Dragão

Uma grade de Selenita, Jaspe Sangue de Dragão e uma pedra angular de Pederneira Azul evocam a assistência do meu Dragão do Ar, sempre que preciso de inspiração.

GRADES ESPECÍFICAS

VOCÊ PRECISARÁ DE:

- Cristais de Terra, Fogo e Água e/ou cristais de Jaspe Sangue de Dragão
- Selenita (ou cristais elementais apropriados) para traçar a grade
- Escultura de dragão ou cristal apropriado para servir de pedra angular

PARA MONTAR A GRADE:

1. Escolha um lugar onde você possa deixar a grade sem que ninguém a toque, por um período prolongado de tempo.
2. Segure os cristais nas mãos e afirme a sua intenção. (Você pode evocar um dragão específico para esse momento, mas também pode manter a mente aberta, para atrair intuitivamente o dragão ou ser mais apropriado para o seu propósito. Nesse caso, escolha uma mistura de cristais elementares e alterne-os na grade.)
3. Posicione uma pedra elementar na base do Y.
4. Posicione uma pedra elementar de cada lado do V.
5. Cerque o Y com cristais elementais e/ou intercale-os com Jaspes Sangue de Dragão, para o aterramento.
6. Posicione uma pedra angular apropriada ou uma escultura de dragão no centro.

Cores e cristais elementais

ELEMENTO	COR	CRISTAIS
Terra	Verde	Pederneira, Jaspe Kambaba, Jaspe Floresta Tropical, Quartzo Enfumaçado, Olho da Tempestade (Jaspe da Judy), Estromatolita, Jaspe Kiwi, Plumita, Ágata, Ágata Musgo, Cianita Verde, Picrolita, Heliotrópio, Jaspe Sangue de Dragão
Ar	Amarelo	Calcita Amarela, Quartzo Agente de Cura Ouro, Apofilita, Aventurina Amarela, Ametista, Quartzo Aura Anjo ou Opala, Ágata, Diamante de Herkimer, Cianita Amarelo (Hiddenita), Selenita
Fogo	Vermelho/Laranja	Ágata de Fogo, Jaspe Papoula, Zincita Vermelha, Cornalina, Obsidiana Fogo de Artifício, Pedra do Sol, Cianita Laranja, Agente de Cura Ouro Celta, Jaspe Vermelho
Água	Azul	Quartzo Indicolita, Turmalina Azul, Calcita Azul, Agente de Cura Celta Azul, Cianita Azul, Crisocola, Turquesa
Metal	Prateado	Pirita de Ferro, Cobre Nativo, Mohawkita, Estibnita, Galena, Agente de Cura Ouro
Espírito "Éter"	Transparente/Dourado	Tectita Ouro da Líbia, Moldavita, Quartzo, Quartzo Trigônico, Anandalita, Selenita

7. Peça ao dragão para se apresentar. Se você tiver posicionado um dragão de cristal no centro da grade, pegue-o e segure-o nas mãos, para que ele se torne a morada do seu dragão. Você saberá quando o dragão estiver presente. Poderá se sentir muito quente ou frio, sentir uma brisa ou arrepios. Ou pode realmente sentir ou "ver" o dragão com o seu Terceiro Olho.
8. Sempre que precisar de orientação, segure o dragão nas mãos. (Depois que você atrai um dragão, ele permanece ligado à sua escultura. E não há necessidade de limpá-la, como costuma fazer com os cristais.)
9. Mantenha a grade no lugar por um longo período. Quando quiser afastar o dragão do seu espaço, agradeça ao dragão pela sua assistência e simplesmente remova os cristais. Os dragões são seres extremamente inteligentes e sabem instintivamente quando sua presença e assistência não são mais necessárias.

Mentores dragões e suas características

- Os criativos dragões do Fogo, do Leste, simbolizam energia, transmutação e domínio do poder. Os dragões do Fogo lhe dão coragem para superar os obstáculos.

- Os nutrizes dragões da Terra, do Oeste, o conectam com suas riquezas interiores, seus recursos e seu potencial. Os dragões da Terra facilitam o aterramento e estabilizam a nossa energia. Dragões da integração, eles agregam energias dispersas.

- Os inspiradores dragões do Ar, do Norte, facilitam os *insights* e a iluminação. Esses dragões oferecem clareza e conexão com a sua orientação interior ou intuição.

- Os empáticos dragões da Água, do Sul, ligam você aos seus sentimentos mais profundos e aos desejos ocultos que o impulsionam. Evoque esses dragões para acessar memórias ancestrais significativas. Os dragões da Água o ajudam a aceitar o passado e a se libertar dele.

- Os assertivos dragões de Metal regulam a passagem da força vital dentro dos meridianos da Terra e podem ser evocados para ajudar na cura da terra (tanto do seu ambiente imediato quanto do planeta como um todo). Sua natureza resoluta é útil, se você precisa defender suas ideias ou direitos, ou enfrentar um desafio.

- Os grandes dragões cósmicos são vastos seres interestelares, sábios além do alcance da percepção humana. Criaturas míticas e místicas, eles orientam os seres humanos e a evolução planetária, e lhe transmitem sua sabedoria.

PESSOAL

VIDAS PASSADAS

Embora você talvez não esteja ciente disso, suas vidas passadas podem muito bem influenciar a sua vida presente. O objetivo desta grade é acessar os Registros Akáshicos (o registro de tudo o que aconteceu, poderia acontecer e um dia acontecerá) para eliminar os bloqueios decorrentes de experiências de vida passadas, em qualquer período de tempo que essas experiências possam ter ocorrido. Embora esta grade não forneça detalhes sobre o passado, você pode ter vislumbres de suas vidas passadas enquanto trabalha com ela.

Como usar a grade: Monte esta grade se você se sentir bloqueado e com dificuldade para progredir, ou se identificar algum padrão negativo na sua vida. Se, enquanto se deita na grade ou a contempla, você descobrir algo que precisa de cura ou reestruturação, coloque um cristal apropriado na porção relevante do Hexagrama Infinito ou da variação da grade Sri Yantra (como mostra a fotografia a seguir) e deixe-a no lugar até não ser mais necessária. Por exemplo, se você tomar consciência de um trauma infantil, pode escolher um cristal de Ágata Cor-de-rosa e colocá-lo numa porção interna da grade. Use a intuição ou a radiestesia (ver p. 31) para saber que parte da grade deve conter o cristal que representa essa questão.

Época: Esta grade é potencialmente poderosa durante a lua negra.

Cor e fundo: Índigo e púrpura.

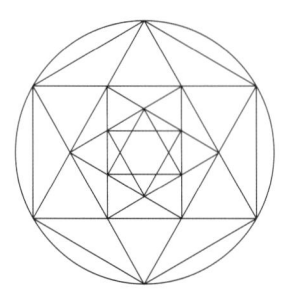

Traçado:
Hexagrama infinito

Esta grade de Sri Yantra, para a cura de vidas passadas, foi montada em torno de uma pedra angular de Variscita. O Quartzo Enfumaçado limpou a grade e os Diamantes de Herkimer reenergizaram-na. A Turquesa foi usada para a cura das vidas passadas e as Ametistas Brandenberg levaram a alma a voltar para um estado de perfeita pureza. Uma Pederneira ancorou a grade na realidade atual.

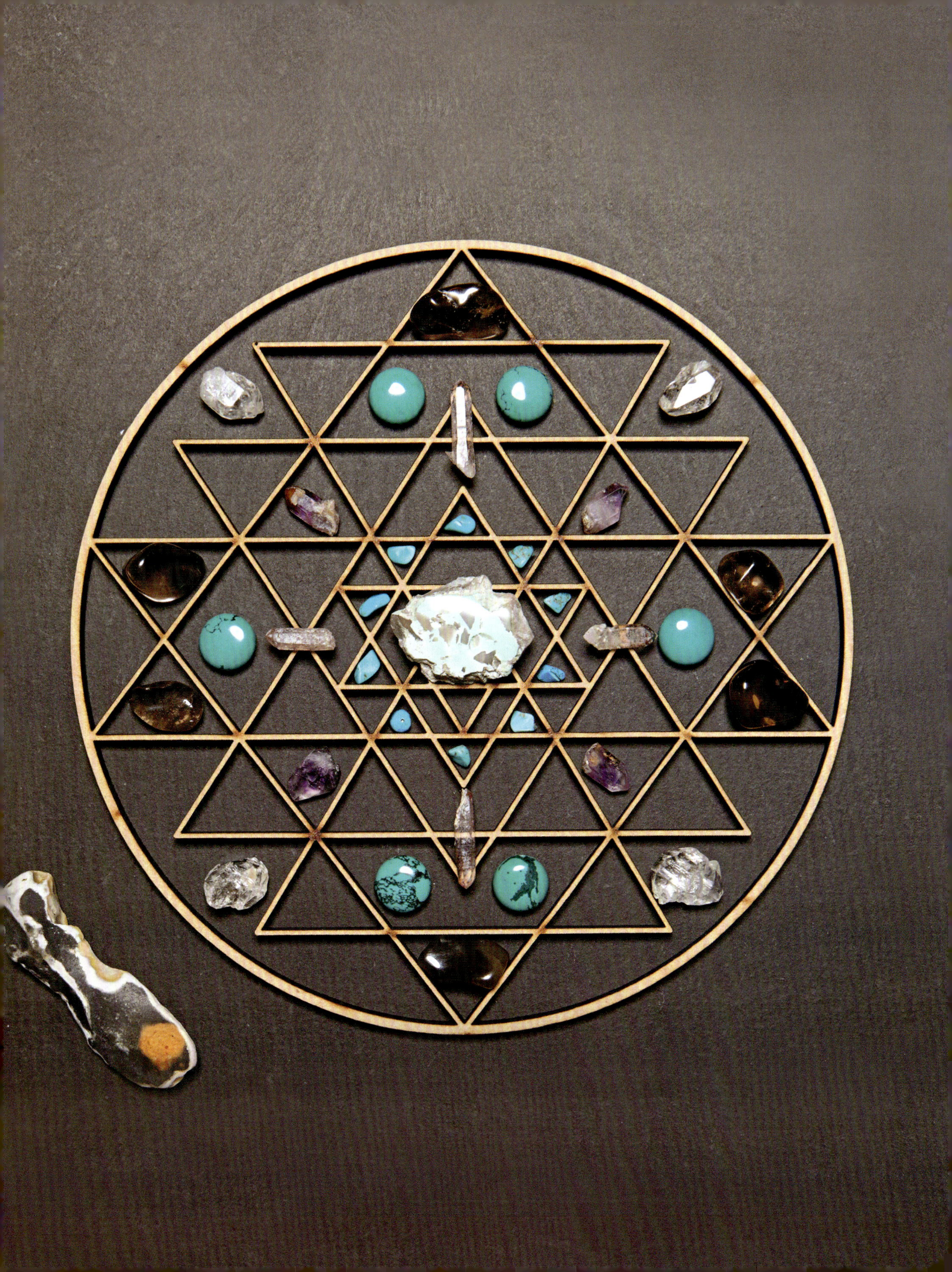

VOCÊ PRECISARÁ DE:

- Um cristal para cada espaço principal do hexagrama, dependendo do tamanho da grade. (Use a radiestesia, explicada na p. 31, para descobrir quais cristais e posições usar)
- Cristais portadores de luz, para as linhas que conectam o hexagrama externo, se usar o hexagrama infinito
- Cristais de aterramento e limpeza para o perímetro
- Cristais para questões que possam surgir à medida que você monta a grade (use a radiestesia, explicada na p. 31, ou a intuição para identificar quais cristais são apropriados)
- Pedra angular

Nota: A grade fotografada utiliza uma forma pré-moldada de Sri Yantra que fixa os cristais dentro dela.

PARA MONTAR A GRADE:

1. Segure os cristais nas mãos e afirme sua intenção para a grade.
2. Posicione cristais nas três pontas do triângulo voltadas para baixo, no centro da grade.
3. Posicione cristais nas três pontas do triângulo voltadas para cima, no centro da grade.
4. Seguindo para fora, posicione cristais sobre os dois triângulos que formam o próximo hexagrama.
5. Seguindo para fora novamente, posicione cristais sobre os dois triângulos que formam o hexagrama externo.
   (Você pode expandir esta grade adicionando hexagramas, se desejar. Basta desenhá-los no modelo ou fazer seu contorno com cristais.)
6. Posicione cristais portadores de luz a meio caminho ao longo das linhas que conectam os hexagramas externos.
7. Coloque os cristais de aterramento e limpeza em torno do perímetro.
8. Coloque a pedra angular no centro, repetindo sua intenção.
9. Contemple a grade em silêncio, com olhos levemente desfocados. Se surgir alguma questão ou lembrança em sua mente, posicione um cristal na parte apropriada da grade. Continue essa contemplação enquanto se sentir confortável.
10. Limpe a grade (consulte p. 39).
11. Volte para a grade quando apropriado. (Quando você trabalha com grades de longo prazo, como esta, ou como a grade para a depressão, na p. 128, você pode reconhecer quando um problema precisar ser reanalisado e quando uma grade precisa de uma recarga.)
12. Quando a grade tiver concluído seu trabalho, desmonte-a de dentro para fora, agradecendo aos cristais pelo seu trabalho.
13. Limpe os cristais e o espaço da grade com som ou essência de limpeza (ver p. 39); caso contrário, o efeito geométrico desta grade tende a persistir.

Cristais sugeridos: Apofilita, Azeztulita, Ametista Brandenberg, Quartzo Celta, Crisotila (use a forma rolada e lave as mãos após o uso), Dumortierita, Lepidolita, Jaspe Kambaba, Merlinita, Moldavita, Fenacita, Madeira Petrificada, Quartzo Fantasma, Pedra Azul Preseli, Armazenador de Registros, Estromatolita, Quartzo Trigônico, Semente Lemuriana, Berço da Vida (Espécie Humana), Tanzanita, Quartzo Tibetano. (Ver *Crystal Prescriptions – Volume 6*, nos Recursos, p. 184 para que os cristais possam sanar problemas de vidas passadas.)

GLOSSÁRIO DE CRISTAIS

AMETISTA BRANDENBERG
A Ametista Brandenberg propicia o perdão e uma cura profunda da alma. É a melhor ferramenta disponível para combater implantes, amarras energéticas, possessão de espíritos ou influência mental, e esta é a pedra de transformação ou transição por excelência.

VARISCITA
Útil para a exploração de vidas passadas, a Variscita facilita as imagens visuais enquanto se aprofunda nos sentimentos de outras vidas, estimulando a percepção e ajudando a reformular as situações. Esta pedra ajuda a vencer o desespero profundo e estimula uma postura de confiança com relação ao Universo.

TANZANITA
A Tanzanita de alta vibração facilita estados alterados de consciência e estimula as capacidades mediúnicas, a ligação com arcanjos e com Mestres Ascensionados. Acelerando o crescimento espiritual, ela traz informações dos Registros Akáshicos para dissipar resíduos kármicos de outras vidas.

PEDRA AZUL PRESELI
Extremamente magnética, a Pedra Azul Preseli propicia uma bússola interior que lhe mostra o caminho. Ela ancora a energia de cura no planeta ou no corpo e é um antídoto poderoso contra as irradiações dos campos eletromagnéticos.

● CASA E AMBIENTE

TRANQUILIDADE

Traçado: Flor da Vida

A Flor da Vida é basicamente uma grade de tranquilidade. Ela irradia paz e boa vontade para o ambiente, e você pode montá-la sobre qualquer padrão intuitivo que lhe parecer conveniente. É melhor montá-la sobre um modelo, de modo que a geometria subjacente conecte os cristais. Dessa maneira, você não precisará posicionar um cristal em cada ponta. Monte a grade da Flor da Vida se achar que pode estar se aproximando do fim de um período tumultuado em sua vida e quer que a calma e a tranquilidade façam parte da sua experiência diária, ou se estiver cercado de agitação e estresse em sua casa ou no local de trabalho, devido, talvez, a filhos adolescentes rebeldes ou à pressão do seu chefe.

Como usar a grade: Escolha um lugar onde a grade não será tocada e deixe-a fazer seu trabalho. (Para mais informações sobre o uso da Flor da Vida, consulte a grade avançada na p. 76.)

Época: Não é necessário aguardar uma época especial. Monte a grade a qualquer momento.

Cor e fundo: A Flor da Vida pode ser montada em qualquer cor ou fundo, mas a madeira ou outros materiais naturais ajudam a energia pacífica a se ancorar. Lindos modelos elaborados para esse propósito também podem ser encontrados em lojas.

VOCÊ PRECISARÁ DE:

- Um modelo
- Cristais em número suficiente para montar o padrão que você escolher para a grade (use a radiestesia, explicada na p. 31, ou a intuição para selecionar seus cristais)
- Pelo menos 1 pedra de aterramento (mas 4 a 6 são o ideal)
- Pedra angular para o centro

PARA MONTAR A GRADE:

1. Segure os cristais nas mãos e afirme sua intenção para a grade.
2. Comece posicionando a pedra angular no centro e repetindo sua intenção.
3. Crie um padrão ao redor da Flor da Vida, posicionando pelo menos uma pedra de aterramento no anel exterior, mas de preferência quatro a seis. (Você pode criar qualquer padrão dentro da grade. Por exemplo, pode criar apenas uma única flor central, se achar que essa é a melhor solução para você, ou pode preencher todo o anel externo de pétalas.)
4. Posicione cristais portadores de luz (ver p. 30) em torno do perímetro.
5. Deixe a grade no lugar para que faça o seu trabalho pelo tempo que for necessário – permanentemente, se preciso.
6. Para desmontar essa grade, simplesmente remova os cristais, pois a energia se dissipará por conta própria depois que os cristais forem removidos; não é preciso nenhuma limpeza.

Cristais sugeridos: Quartzo Rosa, Selenita, Rodocrosita, Quartzo, Labradorita, Cianita, Olho da Tempestade (Jaspe da Judy), Quartzo Enfumaçado.

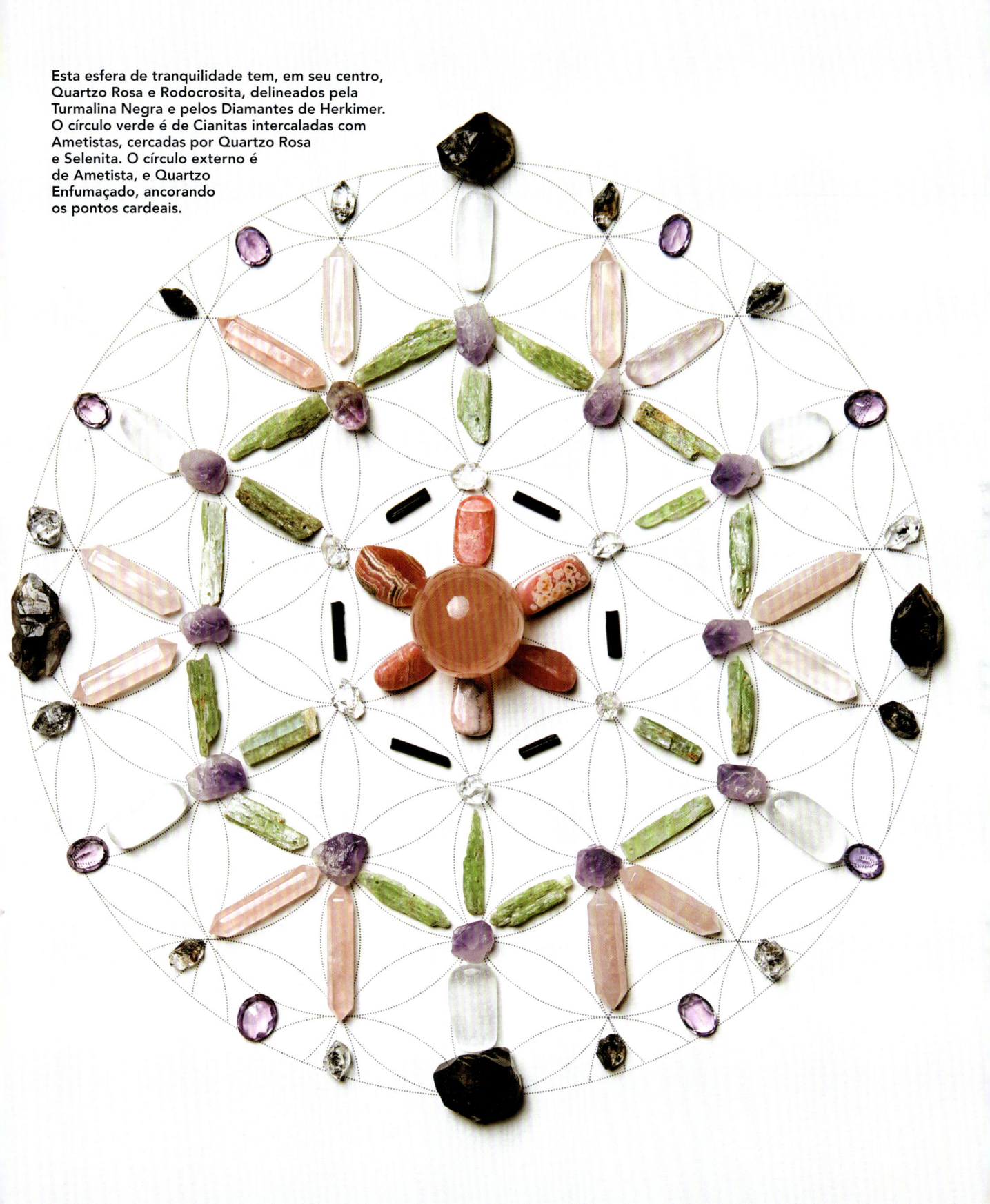

Esta esfera de tranquilidade tem, em seu centro, Quartzo Rosa e Rodocrosita, delineados pela Turmalina Negra e pelos Diamantes de Herkimer. O círculo verde é de Cianitas intercaladas com Ametistas, cercadas por Quartzo Rosa e Selenita. O círculo externo é de Ametista, e Quartzo Enfumaçado, ancorando os pontos cardeais.

GRADES ESPECÍFICAS | 163

CASA E AMBIENTE

ALEGRIA E REJUVENESCIMENTO

Monte a grade da Alegria e Rejuvenescimento para revitalizar seu dia a dia ou causar mudança e regeneração na sua vida social. Esta grade jovial demonstra como as cores podem afetar uma grade e interagir com ela. Use pedras de um tom vivo de cor-de-rosa, em vez do verde da Grade da Tranquilidade, pois a Flor da Vida vai irradiar alegria e rejuvenescimento para uma área energeticamente morta. Essa área pode ser uma parte da sua vida, um terreno em que a terra está infértil ou até o país inteiro. Ela pode ser montada para impulsionar uma comunidade que se tornou apática depois de uma grande perda, trauma ou catástrofe natural, pois ativa as energias, colocando-as em movimento. Por trazer motivação e desejo de realização, ela é particularmente útil em casos de depressão e desânimo ou se o seu local de trabalho ou comunidade encontra-se num estado de apatia. Você não precisa estar pessoalmente envolvido na situação para receber o apoio energético dessa grade. Seus cristais são tingidos com cores que infundem vitalidade, pois é difícil encontrar na natureza pontas em tons tão vibrantes. Como no caso da Esfera da Tranquilidade (p. 162), é melhor montar esta grade exuberante sobre um modelo, para que sua geometria subjacente conecte os cristais e irradie sua energia no ambiente.

Forma: Num fundo na forma de Flor da Vida, posicione os cristais do modo que achar mais adequado no seu caso.

Como usar a grade: Escolha um lugar onde ninguém tocará a grade e deixe-a fazendo seu trabalho. (Para mais informações sobre a Flor da Vida, consulte a grade avançada da p. 76.)

Época: Não é preciso aguardar uma época especial. Monte a grade quando for necessário.

Cor e fundo: Materiais que aterram e irradiam como a madeira, a ardósia ou a terra ajudam a gerar energia rejuvenescedora e a ancoram no dia a dia. Fundos com cores vivas ajudam a espalhar alegria. Há no mercado cartolinas de cores belas e vivas.

Traçado: Flor da Vida

Esta grade de alegria e rejuvenescimento está centrada em torno de uma esfera de Selenita e Quartzos Aura Rosa tingidos, cercados por Turmalinas Negras e Diamantes de Herkimer. As "pétalas" de Aura Rosa compõem um círculo de Auras Rosas intercalado com Granadas Rodolita naturais. O círculo de pétalas seguinte combina Quartos Rosa e Selenitas. O círculo externo é composto de Ametistas, Herkimers Enfumaçados e um Quarto Enfumaçado de dupla terminação, para ancorar os pontos cardeais, com mais algumas pontas Aura Rosa para direcionar a energia para a comunidade.

GRADES ESPECÍFICAS | **165**

VOCÊ PRECISARÁ DE:

- Um modelo
- Cristais em número suficiente para traçar o padrão da Flor da Vida (use a radiestesia, explicada na p. 31, ou a intuição para selecionar os cristais)
- Pelo menos uma pedra de aterramento (de 4 a 6 é o ideal)
- Pedra angular no centro

PARA MONTAR A GRADE:

1. Segure os cristais nas mãos e afirme a sua intenção para a grade.
2. Comece posicionando a pedra angular no centro e reafirmando a sua intenção.
3. Crie um padrão em torno da pedra angular, posicionando ao menos uma pedra de aterramento num dos anéis externos, mas preferencialmente de quatro a seis.
4. Posicione os cristais apropriados (ver cristais sugeridos a seguir) em torno do perímetro.
5. Mantenha a grade no lugar, para que ela possa fazer o seu trabalho, pelo tempo que for necessário – permanentemente se preciso.
6. Para desmontar a grade, simplesmente retire os cristais – a energia se dissipará naturalmente aos poucos, depois que os cristais forem removidos, por isso não é preciso executar a limpeza.

Cristais sugeridos: Quartzo Aura Rosa ou Rubi, Calcita Cobalto, Granada Rodolita, Eritrita, Quartzo Rosa, Selenita, Quartzo, Diamante de Herkimer, Cianita Vermelha, Jaspe Papoula, Quartzo Hematita.
Para aterrar: Olho da Tempestade (Jaspe da Judy), Jaspe Policromático, Quartzo Enfumaçado, Hematita, Pederneira Vermelha.

GLOSSÁRIO DE CRISTAIS

SELENITA
A Selenita dá acesso à consciência angélica e transmite a luz divina a tudo que toca. Um poderoso transmutador de energia emocional, a Selenita libera os sentimentos reprimidos que causam doenças psicossomáticas e bloqueios emocionais.

QUARTZO AURA ROSA
O Quartzo Aura Rosa transmuta dúvidas arraigadas quanto ao nosso valor pessoal, impulsionando a dádiva do amor incondicional por si mesmo e estabelecendo uma conexão poderosa com o amor universal.

SUGILITA
Tranquilizante natural, a Sugilita é particularmente útil para crianças ou qualquer pessoa que se sinta deslocada num ambiente. Ela previne o *bullying* e ajuda na capacidade de leitura.

RODOCROSITA
Uma das principais "pedras do amor", a terapêutica Rodocrosita estimula a expressão dos sentimentos e o perdão por situações do passado. Essa pedra da compaixão infunde amor na sua vida e conforta os que se sentem solitários.

CASA E AMBIENTE

CRIANÇAS

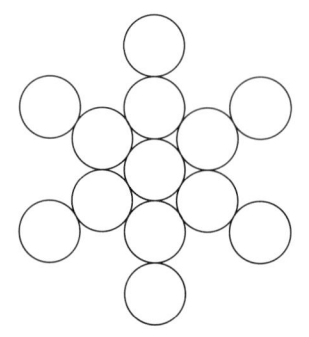

O Fruto da Vida, contido na Flor da Vida, ajuda a dar apoio a crianças, propiciando um ambiente estável para que possam realizar seu mais elevado potencial. Esta grade pode ser adaptada para as necessidades específicas de uma criança. O anel de cristais central pode ser alterado, de modo a ajudá-la a enfrentar os desafios da vida, por isso talvez essa grade precise ficar montada por um longo período. (Veja os cristais sugeridos abaixo para ajudar crianças nas questões que estejam enfrentando.) As crianças adoram cristais, por isso deixe que participem da escolha das pedras e da montagem da grade (sempre sob a sua supervisão, é claro, e certificando-se de não deixar grades ao alcance de crianças pequenas).

Traçado: Fruto da Vida

Como usar a grade: A grade pode ser montada no quarto de uma criança mais velha ou adolescente, mas a grade para crianças pequenas sempre deve ser montada fora do alcance delas.

Época: A grade pode ser montada a qualquer momento, mas é particularmente útil quando a criança está enfrentando algum tipo de desafio ou demonstrando um comportamento problemático.

Cor e fundo: Escolha uma cor que conforte e acalme, pois a criança está passando por um desafio ou problema. Por exemplo, se seu filho tem dificuldade com a leitura e a escrita, monte uma grade para a dislexia num fundo amarelo pálido. (As pesquisas mostram que crianças disléxicas têm mais facilidade para ler letras marrons num fundo creme). Se o seu filho está sendo vítima de *bullying*, uma base cor-de-rosa suaviza a agressão, enquanto o laranja-claro estimula a coragem que a criança precisa ter para superar isso.

VOCÊ PRECISARÁ DE:

- Pedra angular central para representar a criança
- 6 pedras calmantes ou que representem os problemas
- 4 cristais de aterramento
- 2 cristais portadores de luz

PARA MONTAR A GRADE:

1. Segure os cristais nas mãos e afirme sua intenção para a grade.
2. Posicione a pedra angular central para representar a criança.
3. Posicione seis cristais em torno da pedra angular para ajudar com o desafio ou problema. (Esses cristais podem representar uma única questão, ou várias diferentes, o que parecer melhor para você. Contudo, pode ser mais eficaz montar uma grade para cada questão.)
4. Posicione quatro cristais de aterramento para ancorar a grade em cada canto do "quadrado".
5. Posicione um cristal portador de luz na parte superior e outro na inferior.
6. Mantenha a grade no lugar até que a questão ou problemas tenham sido resolvidos, lembrando-se de limpar a grade regularmente.

Cristais sugeridos: Quartzo Craquelê, Ágata Cor-de-Rosa, Coprolita ("cocô de dinossauro"), Fuchsita, Howlita, Quartzo Rosa, Turquenita, Youngita.
Para dias de provas e para a concentração: Cianita Laranja, Fluorita, Quartzo Rosa, Aventurina Verde.

Esta grade Fruto da Vida foi montada sem um modelo de fundo para uma criança que estava com dificuldade para aprender a ler. A pedra angular é a Sugilita, que também cerca o coração de Quartzo central que a criança escolheu para representar ela mesma, juntamente com a Ametista para a clareza mental. O Quartzo Enfumaçado e a Selenita serviram como pedras de aterramento e cristais portadores de luz.

Comunicação: Ágata Rendada Azul, Ágata Rosa, Quartzo Craquelê Azul, Youngita, Porfirita, Pedra Crisântemo, Sodalita.

Autismo: Moscovita, Sugilita, Caroíta, Moldavita, Fuchsita, Sodalita, Lápis-Lazúli, Ametista, Lepidolita, Turquesa.

TDAH: Lepidolita, Quartzo de Lítio, Kunzita, Quartzo Rutilado.

Dislexia: Sugilita, Quartzo Craquelê Azul, Sodalita, Fuchsita, Quartzo Esmeralda, Ametista.

Dispraxia: Pedra da Lua Negra, Sugilita, Lepidolita, Muscovita, Quartzo Cereja.

Birra: Quartzo Rosa, Ágata Rendada Azul, Howlita, Crackle Quartzo Craquelê Rosa, Quartzo Aura Rosa.

Pesadelos: Crisoprásio, Ametista, Prehnita, Heliotrópio.

CASA E AMBIENTE

RELACIONAMENTOS HARMONIOSOS

A grade *Vesica Piscis* aproxima as pessoas, propiciando relacionamentos harmoniosos – e isso não se limita a casamentos ou outros tipos de relacionamento romântico. Esta grade também propicia bons relacionamentos com colegas de trabalho, amigos, parceiros de negócios e qualquer outra pessoa em sua vida com quem você tenha tido um mal-entendido ou precise conciliar ideias.

Como usar a grade: Posicione a grade sempre que quiser reunir duas pessoas para benefício mútuo ou para amenizar desentendimentos.

Época: Não é preciso aguardar uma época especial. Monte a grade quando for necessário.

Cor e fundo: Um fundo cor-de-rosa funciona bem na *Vesica Piscis*. Se o relacionamento precisa se ancorar no dia a dia, mais do que no mundo da fantasia, use um material natural como fundo, por exemplo, pedra ou madeira.

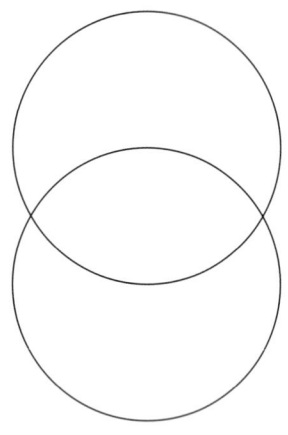

Traçado: *Vesica Piscis*

VOCÊ PRECISARÁ DE:

- Cristais em número suficiente para delinear os dois círculos
- Lingam de Shiva ou outra pedra angular apropriada

PARA MONTAR A GRADE:

1. Segure os cristais nas mãos e afirme sua intenção para a grade.
2. Trace primeiro o círculo esquerdo com cristais.
3. Trace o círculo da direita (sobreposição) em seguida.
4. Posicione a pedra lapidar no centro e reafirme sua intenção.
5. Deixe a grade no lugar enquanto sentir que é necessário manter o relacionamento no caminho certo, mas limpe-a regularmente.
6. Para desmontar a grade, remova os cristais na ordem em que foram posicionados, em seguida, limpe-os de acordo com as instruções da p. 39.

Cristais sugeridos: Quartzo Rosa, Selenita, Quartzo Enfumaçado, Rodocrosita, Rodonita, Aventurina Verde, Ágata, Turmalina Melancia, Turmalinas Cor-de-rosa e verde, Turquesa, Lingam de Shiva, cristais alma gêmea (dois cristais que brotam da mesma base, lado a lado).

Círculos de Quartzo Rosa e Rodonita em torno de uma pedra angular de Aventurina Verde em forma de Merkabah restauram o amor incondicional para uma parceria entre duas pessoas maduras.

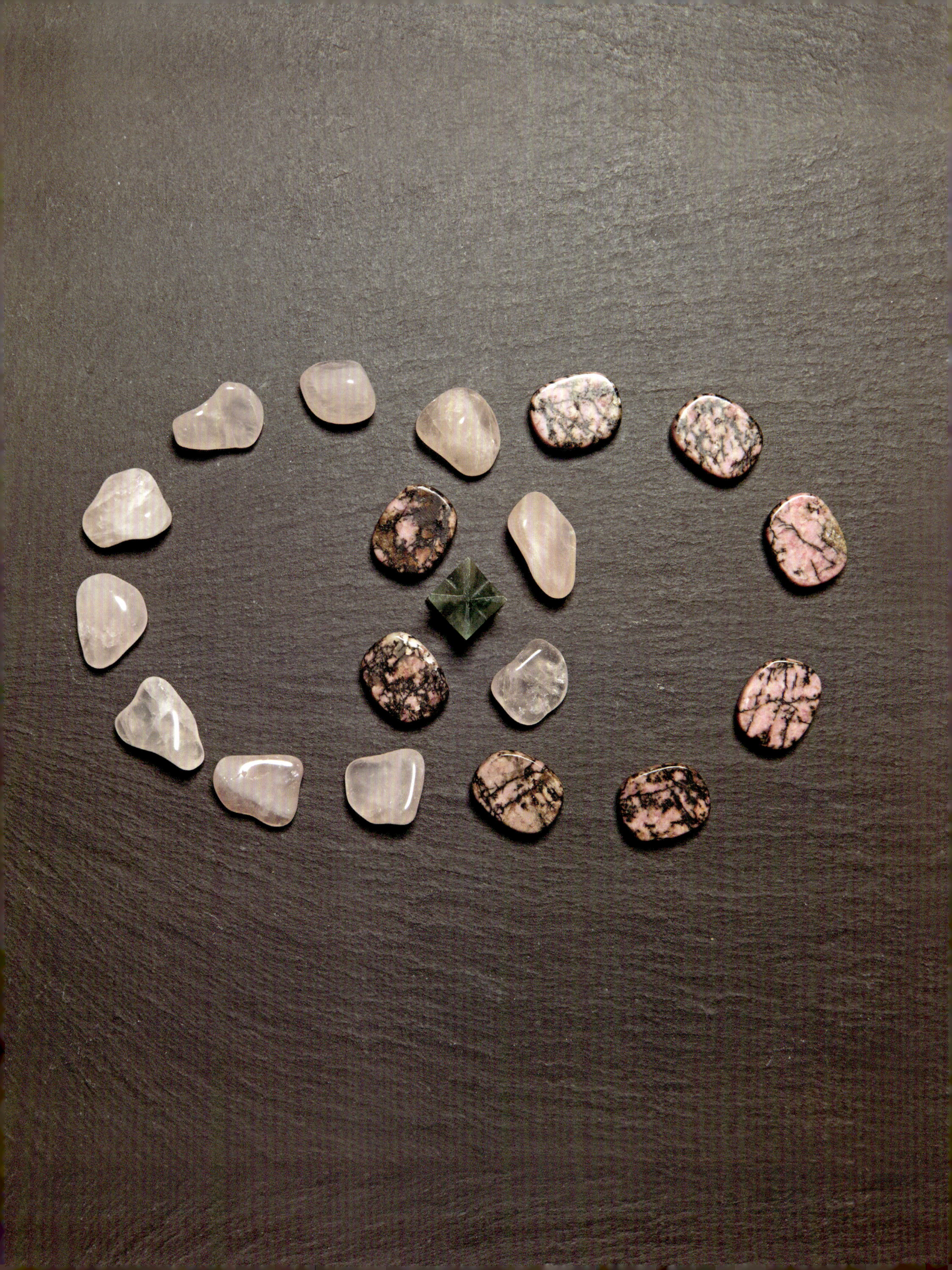

CASA E AMBIENTE

PURIFICAÇÃO DE CAMPOS
ELETROMAGNÉTICOS E ESTRESSE GEOPÁTICO

Traçado: Quadrado

Uma grade de base quadrada pode ser expandida para um traçado poderoso que limpe e proteja um espaço, transmutando campos geoeletromagnéticos e energias tóxicas. Tente montar sua grade com Shungita. Contém fulerenos ou *bucky-balls*, estruturas moleculares hexagonais que absorvem emanações negativas e podem ser a melhor solução para campos eletromagnéticos.

Como usar a grade: Monte essa grade onde quer que um espaço seja invadido por campos eletromagnéticos ou atravessado por linhas tóxicas de energia terrestre. (Use a radiestesia, explicada na p. 31, para verificar se é esse o caso e, em caso afirmativo, para identificar onde estão essas linhas.) A grade pode ser montada em torno de um cômodo ou dentro dele para expandir a energia e preencher o espaço.

Época: Não é preciso aguardar uma época especial. Monte a grade quando for necessário.

Cor e fundo: Esta grade é mais eficaz num fundo natural, como madeira ou ardósia.

VOCÊ PRECISARÁ DE:

- 4 cristais de limpeza e transmutação
- 4 cristais de aterramento
- Pedra angular

PARA MONTAR A GRADE:

1. Segure os cristais nas mãos e afirme sua intenção para a grade.
2. Posicione quatro cristais de limpeza e transmutação nos cantos internos do quadrado.
3. Posicione quatro cristais de aterramento nos cantos externos do quadrado.
4. Posicione a pedra angular no centro e reafirme sua intenção.
5. Conecte os cantos do quadrado com uma varinha de cristal ou com o poder da mente.
6. Deixe a grade no lugar durante o tempo necessário, mesmo permanentemente, mas execute a limpeza com frequência.

Cristais sugeridos: Shungita, Turmalina Negra, Diamante de Herkimer, Ametista, Aventurina Verde. Pedras de aterramento (ver p. 30).

Uma pedra angular de Pederneira está sobre o fundo de ardósia, cercada por quatro Diamantes de Herkimer Dourados e ancorado por quatro discos polidos de Shungita, para proteger contra perturbações causadas por campos eletromagnéticos.

CURA À DISTÂNCIA

DE PESSOA PARA PESSOA

As grades podem ser usadas para enviar energia de cura ou apoio a distância, para uma pessoa específica. (A física quântica está começando a explicar como essas grades podem funcionar, mesmo a longas distâncias, mas você não precisa entender o mecanismo para usar o efeito.) A grade é montada sobre o nome da pessoa ou sobre uma fotografia dela. Depois, usando uma combinação de cristais de cura e limpeza, você garante que as energias de cura equilibrem suavemente o campo de energia da pessoa.

Como usar a grade: Esta grade só deve ser usada com a permissão da pessoa em questão. Se ela estiver muito doente, ou inacessível, peça que a cura esteja disponível para seu mais elevado bem e benefício, mas somente se for apropriado. (Em caso de dúvida, use a radiestesia, explicada na p. 31, para descobrir se é apropriado ou não.)

Época: Não é preciso aguardar uma época especial. Monte a grade quando for necessário.

Cor e fundo: O azul é a cor tradicional da cura.

VOCÊ PRECISARÁ DE:
- Cristais, de cura e limpeza, em número suficiente para traçar o raio solar
- Pedra angular apropriada para a doença ou necessidade

PARA MONTAR A GRADE:
1. Segure os cristais nas mãos e afirme sua intenção para a grade: isto é, que a energia de cura flua para [inserir nome da pessoa] e que atue para que o melhor aconteça a ela.
2. Posicione uma pedra angular no centro da fotografia ou sobre o nome da pessoa.
3. Monte fileiras alternadas de cristais de limpeza (apontando para fora, se os cristais tiverem pontas) e fileiras de cristais de cura (apontando para dentro, se os cristais tiverem pontas).
4. Use o poder da mente para ativar a grade. Observe a grade sendo ativada, eliminando e desbloqueando energias estagnadas e levando a pessoa de volta ao equilíbrio. (Não ligue os cristais da grade – a energia precisa irradiar para a pessoa em questão). Se sentir que a pessoa está desaterrada, você pode posicionar um perímetro de pedras de aterramento. (Use a radiestesia, explicada na p. 31, ou a sua intuição para descobrir se é esse o caso.)
5. Deixe a grade no lugar durante o tempo necessário ou até que o problema seja resolvido. Quando estiver pronto para desmontar a grade, siga as instruções da página 39.

Cristais sugeridos: *Cristais de limpeza*: Quartzo Enfumaçado, Turmalina Negra, Shungita. *Cristais de cura*: Quantum Quattro, Heliotrópio, Que Será, Ametista, Quartzo, Clinoptilolita, Escolecita com Natrolita, e veja a p. 30.

Traçado: Raio Solar

Uma pedra angular de Anandalita®, cercada por um raio solar de Quartzo Enfumaçado, Quantum Quattro, Olho da Tempestade (Jaspe da Judy) e Quartzo Rosa, envia apoio e um fluxo contínuo de cura a uma amiga querida.

GRADES ESPECÍFICAS

CURA À DISTÂNCIA

CURA ANCESTRAL

A Árvore da Vida Celta é o traçado perfeito para curar uma linhagem ancestral e enviar cura para futuras gerações. Ela rompe padrões antigos, desativa um potencial energético prejudicial no DNA sutil e ativa o potencial energético benéfico, levando a energia do cristal para a família e para o espaço entre as células do corpo físico.

Como usar a grade: Use esta grade se houver trauma familiar ou intergeracional ou emoções tóxicas ou padrões enraizados na linhagem ancestral. Você pode montá-la em torno do seu próprio corpo, para servir como um substituto para os antepassados e as gerações futuras.

Época: Esta grade é particularmente eficaz quando montada na lua negra e mantida no lugar até a lua cheia. Também pode ser montada no solstício de inverno e mantida no lugar até o solstício de verão, desde que passe por uma limpeza regularmente, conforme apropriado.

Cor e fundo: Um pano verde e/ou materiais naturais, como madeira ou pedra.

VOCÊ PRECISARÁ DE:

- Cristais suficientes para o tronco e a base da árvore, para representar a família da vida atual
- Cristais ancestrais ou de aterramento e desintoxicantes em número suficiente para as raízes, representando os ancestrais
- Cristais portadores de luz suficientes para os galhos, como representação das gerações futuras
- Pedra angular

PARA MONTAR A GRADE:

1. Segure os cristais nas mãos e afirme sua intenção para a grade.
2. Posicione os cristais apropriados no tronco, para representar a família da vida presente.
3. Posicione os cristais ancestrais ou de aterramento e desintoxicantes ou pedras de aterramento nas raízes.
4. Posicione os cristais portadores de luz nos galhos, para representar as futuras gerações.
5. Posicione uma pedra de aterramento na base do tronco e uma pedra angular mais acima.
6. Use o poder da mente para ativar a grade – sem conectá-la – e envie energia de cura para o passado e para as futuras gerações.
7. Para desmontar a grade, remova as pedras na ordem inversa em que foram posicionadas. (Não é necessário usar som ou essência de limpeza para desmontar esta grade específica. Você pode deixar a energia fluindo, mesmo depois de ela ter sido desmontada.)

Cristais sugeridos: Ancestralita, Ametista Brandenberg, Berço da Vida (Espécie Humana), Pedra da Liberdade, Jaspe Kambaba, Quartzo Celta, Madeira Petrificada, Pedra Azul Preseli, Estromatolita, Crisotila, Dumortierita, Selenita, Petalita, cristais da pátria ancestral da família.

Traçado:
Árvore da Vida Celta

NOTA:
Se você estiver traçando a Árvore em torno do corpo físico e sobre os chakras, siga as instruções da p. 126.

A grade de cura ancestral foi montada sobre uma placa de madeira confeccionada com esse propósito. A Ancestralita está posicionada na base e nas laterais para purificar a linhagem ancestral até a sua fonte e para impulsionar a aprendizagem da alma. A Olho da Tempestade (Jaspe da Judy) estabiliza a pedra angular de Madeira Petrificada e o Quartzo Enfumaçado descarrega a energia tóxica nas pedras de aterramento de Pederneira, na parte inferior da grade. A Selenita e os Diamantes de Herkimer infundem luz nas futuras gerações e a irradiam de volta através da linhagem familiar.

GRADES ESPECÍFICAS | **177**

CURA À DISTÂNCIA

SITUACIONAL

Traçado: Espiral Tripla

A grade da Espiral Tripla pode ser usada de modo semelhante a uma tiragem de tarô composta de três cartas. Ela destaca e cura não apenas a situação atual, mas também suas origens. Nesta grade, a espiral da direita representa a situação atual; a espiral da esquerda revela e cura as causas subjacentes à situação; e a espiral superior garante um resultado benéfico. A grade pode ser usada para curar desavenças familiares e no local de trabalho, para amizades estremecidas ou para estimular o entendimento entre os povos, no mundo todo.

Como usar a grade: Use esta grade para auxiliar qualquer situação não resolvida.

Época: Esta grade pode ser montada a qualquer momento, mas é particularmente poderosa quando a espiral da direita é traçada na lua negra; a esquerda é traçada na lua nova; e a espiral superior, na lua cheia. Mantenha a grade no lugar até a lua negra seguinte ou até que a situação tenha se resolvido.

Cor e fundo: Escolha uma cor e um fundo apropriados para o tipo de situação. Use sua intuição ou a radiestesia (ver p. 31) para selecionar a cor e o fundo.

VOCÊ PRECISARÁ DE:
- Um modelo
- Cristais em número suficiente para cada espiral (veja os cristais sugeridos abaixo)
- Pedra angular

PARA MONTAR A GRADE:
1. Segure os cristais da primeira espiral nas mãos e afirme sua intenção para a grade.
2. Trace a espiral da direita do centro para fora. Os cristais pontudos devem ser posicionados com a ponta voltada para o centro.
3. Use o poder da mente para unir os cristais, movendo-se do centro da espiral para o ponto central da espiral tripla.
4. Posicione a pedra angular no centro, reafirmando sua intenção.
5. Limpe a grade (mas mantenha-a no lugar, para que você possa adicionar espirais durante o curso de desenvolvimento da grade). Posicione a segunda e a terceira espirais, conforme apropriado, conectando-as à pedra angular central a cada vez.
6. Deixe a grade no lugar até chegar a hora de desmontá-la, lembrando-se de limpá-la regularmente.

Cristais sugeridos: *Resolução de Conflitos*: Quartzo Espírito, Quartzo Elestial, Calcedônia, Crisocola, Ágata Verde, Jade, Jaspe Paisagem, Prehnita, Quartzo Rosa, Lingam de Shiva, Quartzo Rutilado ou Turmalinado, Quartzo Morango, Quartzo Indicolita, Turmalina Melancia.
Limpeza: Shungita, Quartz Enfumaçado, Turmalina Negra, Hematita.
Portadores de luz: Anandalita®, Petalita, Fenaquita, Selenita.

Espirais de Quartzo Enfumaçado, Turquesa e Ametista cercam um coração de Quartzo para combater a falta de comunicação causada por um mal-entendido sobre questões importantes e o choque entre pontos de vista divergentes.

CURA DA TERRA

GRADE SOBRE UM MAPA

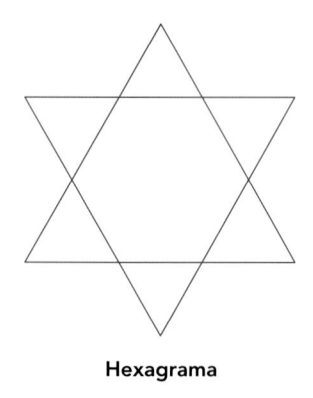

A grade do Hexagrama é extremamente estabilizadora e particularmente apropriada em catástrofes naturais, como um terremoto ou tsunami. Montada sobre um mapa, facilita o reequilíbrio e a cura da terra. Como é uma grade de compensação e transmutação, também pode auxiliar em áreas onde tenha ocorrido um trauma ancestral, como locais de campos de concentração ou outras áreas onde tenha ocorrido uma limpeza étnica – ou desmatamento, como na floresta amazônica.

Como usar a grade: Monte a grade onde ela não será tocada e mantenha-a no lugar até a situação se resolver.

Época: Use esta grade sempre que ocorrer uma perturbação no ambiente local ou para ajudar numa situação dessa natureza em qualquer lugar do mundo (nesse caso, posicione os cristais sobre um mapa).

Hexagrama

VOCÊ PRECISARÁ DE:
- 3 cristais de limpeza
- 3 cristais de cura da terra ou portadores de luz
- Pera angular
- Pedras de aterramento
- Cristais adicionais conforme apropriado

PARA MONTAR A GRADE:
1. Segure os cristais nas mãos e afirme sua intenção para a grade.
2. Trace o triângulo apontado para cima com cristais de limpeza.
3. Trace o triângulo apontado para baixo com cristais de cura ou portadores de luz.
4. Posicione a pedra angular no centro e reafirme a sua intenção.
5. Ancore a grade, se for apropriado. Use a radiestesia (ver p. 31) ou a intuição para descobrir se deve ancorar a grade e que cristais usar.
6. Limpe a grade regularmente e substitua ou acrescente cristais, se apropriado. Mantenha a grade no lugar até que a situação tenha sido resolvida.
7. Para desmontar a grade, remova as pedras na ordem inversa em que foram posicionadas. (Não é necessário usar som ou essência de limpeza para desmontar esta grade específica. Você pode deixar a energia fluindo, mesmo depois de a grade ter sido desmontada.)

Cristais sugeridos: Anandalita®, Aragonita, Jade, Jaspe Kiwi, Magnetita, Quartzo Enfumaçado, Rhodozita, Quartzo Rosa, Quartzo, Selenita, Rubi em Cianita ou Zoisita, Hematita, pedras locais.

Após fortes terremotos na área de Christchurch, na Nova Zelândia, em 2016, uma pedra angular de Jade Pounamou, da trilha local de Greenstone, foi posicionada sobre o local, num mapa. Uma grade de aterramento composta de Rodozita foi montada ao redor dela. Jaspe Kiwi e Selenita trouxeram conforto e luz aos habitantes traumatizados e Aragonitas Sputniks estabilizaram a terra igualmente traumatizada.

GRADES ESPECÍFICAS

GLOSSÁRIO

Arco: Uma seção da circunferência de um círculo ou uma trajetória em curva. O arco também pode ser uma descarga luminosa de eletricidade ou energia que ocorre num circuito ou entre eletrodos (ou cristais) quando a eletricidade ou energia salta de um eletrodo (ou cristal) para outro.

Aterrado/Ancorado: Estar totalmente presente nesta encarnação, centrado em seu núcleo e solidamente ancorado no momento atual. Esse estado provoca uma sensação descontraída de centramento e de estar no controle de si mesmo. Você está consciente e em contato com o planeta, capaz de agir no mundo prático do cotidiano e, ainda assim, de projetar sua consciência espiritual, conforme apropriado.

Circunferência: A borda externa de um círculo equidistante do centro.

Desaterrado: Sem ligação com a terra, o oposto de estar aterrado. Quando alguém está sem ligação com a terra, essa pessoa não está totalmente presente na encarnação, mostrando-se desligado do mundo e da realidade cotidiana. Ela é pouco prática, aérea, esquecida, desatenta e desconectada; sente-se insegura e sem controle da própria vida, e provavelmente sofre de ansiedade.

Diâmetro: A distância, através de um círculo, de uma borda a outra, passando pelo centro.

Eixo/Eixos: Linha reta que passa através do centro de um círculo e/ou através dos centros de todos os círculos numa linha reta, dividindo-os pela metade e criando padrões simétricos e espaço reflexivo.

Elementos e triplicidades astrológicas: O zodíaco é dividido numa série de quatro triângulos equiláteros, e cada triângulo contém os três signos de cada elemento: o Fogo, que representa o espírito e a criatividade; o Ar, que representa a inspiração e as ideias; a Terra, que representa uma base pragmática; e a Água, que representa as emoções e a intuição. Dentro de cada grupo elementar, um signo é cardinal, outro é fixo e outro é mutável. Por exemplo, dentro do triângulo que contém os signos da Terra, Touro é fixo, Virgem é mutável e Capricórnio é cardinal. Cardinal, fixo e mutável descrevem com que facilidade e rapidez a energia e a mudança fluem através de um signo. "Cardinal" é a energia iniciadora; "Fixo" é a consolidação da força; e "mutável" refere-se à capacidade de se adaptar e seguir o fluxo. Portanto, a primeira triplicidade no zodíaco é o Fogo, em que Áries é cardinal, Leão é fixo e Sagitário é mutável.

Estresse geopático: Efeito negativo para a saúde do corpo, causado por frequências eletromagnéticas e distúrbios na energia terrestre. O estresse geopático pode ser causado por veios de água subterrâneos, mineração ou construção, correntes eletromagnéticas naturais ou artificiais, ou linhas *ley* nas imediações (ver *Crystal Prescriptions – Volume 3,* em Recursos, p. 184).

Hexagrama: Estrela de seis pontas ou uma figura com seis lados iguais, também conhecida como hexágono.

Indisposição: Estado de desarmonia energética criado por um ambiente discordante, emoções tóxicas e padrões de pensamento arraigados. A menos que seja curada, a indisposição pode causar problemas físicos ou distúrbios psicológicos.

Lua negra: Três dias que antecedem a lua nova, quando o disco lunar desaparece no céu.

Neblina eletromagnética/Campos eletromagnéticos (EMFs): Campo produzido por linhas de força e equipamentos elétricos que tenha um efeito adverso sobre pessoas sensíveis.

Pentagrama: Estrela de cinco pontas ou uma figura com cinco lados iguais, também conhecida como pentágono.

Polígono: Figura com o mesmo número de lados ou ângulos.

Potencial de DNA positivo: Atualmente, 97 por cento do DNA não é utilizado, mas estudos sobre o chamado "DNA lixo" mostram que ele contém memórias de traumas pessoais e memórias transgeneracionais que afetam tanto o molde kármico quanto nossos campos de energia sutis. Isso tem enormes implicações para nossa saúde, bem-estar e evolução. Mas a boa notícia é que temos potencial para desligar essa codificação genética prejudicial e ultrapassada (inclusive a herança ancestral) e para ativar códigos benéficos que tragam mudanças no funcionamento físico, mental e emocional, como se atualizássemos a memória RAM de um computador, depois de desfragmentá-la e remover programas desatualizados e restos de programas anteriores. (Veja *Crystal Prescriptions – Volume 6,* em Recursos, p. 184, para uma explicação mais detalhada.)

Raio: Distância do centro até qualquer ponto da circunferência, calculada dividindo-se o diâmetro pela metade.

Síndrome do edifício doente: Condição causada por uma construção com poluição do ar ou ventilação inadequada, excesso de eletricidade estática, neblina eletromagnética, estresse geopático ou questões relacionadas. Os sintomas incluem falta de concentração, dor de cabeça, problemas de pele e pulmonares, náuseas, fadiga e tonturas.

RECURSOS

PUBLICAÇÕES DE JUDY HALL

101 Power Crystals: The Ultimate Guide to Magical Crystals, Gems, and Stones for Healing and Transformation. Beverly, MA: Fair Winds Press, 2011.

The Crystal Bible (Volumes 1–3). Londres: Godsfield Press Ltd, 2013. [*A Bíblia dos Cristais* (Volumes 1-3), publicadas pela Editora Pensamento.]

The Crystal Companion. Londres: Godsfield Press Ltd, 2017.

The Crystal Experience: Your Complete Crystal Workshop in a Book. Londres: Godsfield Press Ltd, 2010. [*Conhecimento Prático com Cristais*, publicado pela Editora Pensamento.]

Crystal Prescriptions: The A–Z Guide to over 1,200 Symptoms and Their Healing Crystals. Hampshire, UK: O Books, 2006.

Crystal Prescriptions: The A–Z Guide to over 1,250 Conditions and Their New Generation Healing Crystals (Volume 2). Hampshire, UK: O Books, 2014.

Crystal Prescriptions: Crystal Solutions to Electromagnetic Pollution and Geopathic Stress. An A–Z Guide (Volume 3). Hampshire, UK: O Books, 2015.

Crystal Prescriptions: The A–Z Guide to Chakra and Kundalini Awakening Crystals (Volume 4). Hampshire, UK: O Books, 2015.

Crystal Prescriptions: Space Clearing, Feng Shui and Psychic Protection. An A–Z Guide (Volume 5). Hampshire, UK: O Books, 2016.

Crystal Prescriptions: Crystals for Ancestral Clearing, Soul Retrieval, Spirit Release and Karmic Healing. An A–Z Guide (Volume 6). Hampshire, UK: O Books, 2017.

The Crystal Wisdom Healing Oracle: 50 Crystal Cards for Healing, Self-Understanding and Divination. Londres: Watkins Publishing, 2016.

Crystals and Sacred Sites: Use Crystals to Access the Power of Sacred Landscapes for Personal and Planetary Transformation. Beverly, MA: Fair Winds Press, 2012.

Earth Blessings: Using Crystals for Personal Energy Clearing, Earth Healing and Environmental Enhancement. Londres: Watkins Publishing, 2014.

The Encyclopedia of Crystals. Beverly, MA: Fair Winds Press, 2007.

Good Vibrations: Psychic Protection, Energy Enhancement and Space Clearing. Bournemouth, UK: Flying Horse Books, 2008.

Judy Hall's Book of Psychic Development. Bournemouth, UK: Flying Horse Books, 2014.

Life-Changing Crystals: Using Crystals to Manifest Abundance, Wellbeing and Happiness. Londres: Godsfield Press Ltd, 2013.

Psychic Self-Protection: Using Crystals to Change Your Life. Londres: Hay House, 2009.

Crystals to Empower You: Use Crystals and the Law of Attraction to Manifest Abundance, Wellbeing and Happiness. Londres: Godsfield Press Ltd, 2013.

Crystal Love: Attract Your Soul Mate, Improve Your Sex Life, and Much More. Londres: Godsfield Press Ltd, 2008.

ESSÊNCIAS PARA LIMPEZA E RECARGA DOS CRISTAIS

Crystal Balance, www.crystalbalance.co.uk
Green Man Shop, www.greenmanshop.co.uk
Krystal Love, www.krystallove.com.au
Petaltone Essences (Reino Unido), www.petaltone.co.uk
Petaltone Essences (Estados Unidos), www.petaltoneusa.com
Petaltone Essences (Japão), www.petaltone-jp.com
Spiritual Planet, www.spiritualplanet.co.uk

CRISTAIS

Exquisite Crystals
www.exquisitecrystals.com
John van Rees

Astrologywise
www.astrologywise.co.uk
Judy Hall

RECURSOS | 185

AGRADECIMENTOS

Gostaria de agradecer a Michael Illas por sua competência, cuidado e sensibilidade ao fotografar os cristais e grades, e a todos os participantes da oficina que ajudaram na cura da terra e no trabalho de grade ao longo dos anos e que me ensinaram muito. Agradeço muito a Yulia Surnina, pela sua assistência ao definir algumas das grades e classificar meus tesouros. Meu muito obrigada a Megan Buckley.

SOBRE A AUTORA

Judy Hall (Dorset, Inglaterra) é a principal autoridade em cristais e desenvolvimento espiritual da atualidade. Com experiência de mais de quarenta anos em cura com cristais, astrologia kármica e terapia de vidas passadas, ela é autora *best-seller* de quase 50 livros sobre terapia com cristais, entre eles a série *A Bíblia dos Cristais* (volumes 1, 2 e 3), com mais de 3 milhões de exemplares vendidos no mundo todo, *Conhecimento Prático com Cristais* e *A Bíblia da Astrologia*, todos publicados pela Editora Pensamento. Judy é formada em Estudos Religiosos e grande estudiosa de religiões do mundo e mitologia, além de ter pós-graduação em Astronomia e Astrologia Cultural, na Bath Spa University. Ela figurou quatro vezes na lista Watkins dos 100 autores espiritualistas mais influentes do mundo e foi eleita personalidade do ano em 2014, pela revista *Kindred Spirit*. Autora, médium e agente de cura renomada, Judy ministra seminários em todo o mundo e seus livros já foram traduzidos para mais de vinte idiomas.

ÍNDICE DAS GRADES DE CRISTAIS

GRADES BÁSICAS

52 *Vesica Piscis:* Criação e Manifestação
54 Lemniscata (∞): Aterramento e Unificação
56 Triângulo: Tranquilidade, Proteção e Manifestação
58 Pentagrama (Estrela de Cinco Pontas): Abundância e Atração
60 Hexagrama: Proteção e Limpeza
62 Quadrado: Equilíbrio e Solidificação
64 Zigue-Zague: Limpeza do Ambiente
66 Espiral: Controle da Energia de um Vórtice
68 Raio Solar: Energização e Revitalização
73 O Corpo: Cura e Reequilíbrio

GRADES AVANÇADAS

76 Flor da Vida: A Base da Criação
80 Árvore da Vida: A Natureza do Divino
82 Cubo de Metatron: O Mapa do Multiverso
86 Merkabah (Estrela Tetraédrica): O Veículo da Luz
90 Estrela de Doze Pontas (Merkabah Duplo): A Doadora da Luz
94 Hexagrama Infinito: O Universo em Expansão
98 Espiral Múltipla: Consciência Cósmica
100 Espiral Tripla (O *Triskelion*): Ciclos Vitais
104 O Olho do Dragão (Tetraedro): O Olho que Tudo Vê
106 O Labirinto: O Eu Interior

GRADES ESPECÍFICAS

PESSOAL
112 Aterramento
113 Extensão da Grade: Para Relaxar o Músculo Psoas
114 Proteção Instantânea
116 Bem-Estar em Geral
118 Reenergização do Corpo
122 Purificação Eletromagnética
125 Coração e Sistema Imunológico
126 Equilíbrio dos Chakras
128 Supercristais Raio Solar: O Antídoto para a Depressão
131 Apoio durante as Doenças Graves
132 Cura para Dor de Cabeça
134 Clareza Mental
136 Criatividade e Fertilidade
138 Para Atrair o Amor
140 Abundância
142 Carreira e Caminho de Vida
146 Meditação do Eu Interior
150 Comunicação com os Anjos
154 Expansão Espiritual: Para Encontrar um Mentor Dragão
158 Vidas Passadas

CASA E AMBIENTE
162 Tranquilidade
164 Alegria e Rejuvenescimento
168 Crianças
170 Relacionamentos Harmoniosos
172 Purificação de Campos Eletromagnéticos e Estresse Geopático

CURA À DISTÂNCIA
174 De Pessoa para Pessoa
176 Cura Ancestral
178 Situacional

CURA DA TERRA
180 Grade sobre um Mapa

ÍNDICE EM ORDEM ALFABÉTICA

A
Abundância, 140-141
Ágata, 19
Ágata de Fogo (Fogo), 93
Água-marinha (Água), 93
Alegria e rejuvenescimento, 164-166
Alta-Maior (Ascensão), chakra, 44, 48
Amazonita, 121
Ametista (Ar), 19, 93, 161
Amestista Brandenberg, 161
Anandalita®, 85
Ancestral, Cura, 176-177
Apoio durante doenças graves 130-131
Ariel (arcanjo), 153
Árvore da Vida, 15, 80-81, 126, 176
Árvore da Vida Cabalística, 80
Árvore da Vida Celta, 80, 176
Aterramento, 112-113
Ativação dos cristais, 33
Atrair o amor, 138-139
Atrugiel (arcanjo), 153
Auralita 23, 85
Aventurina, 145
Aventurina Verde, 145
Azrael (arcanjo), 153

B
Bem-estar em geral, 116
Berço da Vida (Espécie Humana), 103
Brutas, formas, 25

C
Campos eletromagnéticos e estresse geopático, Purificação dos, 172-173
Carreira e caminho de vida, 142-144
Celest, Terrie, 28
Celestita, 149
Cetro, forma de, 25
Chakra da Base, 44, 45
Chakra do Sacro, 44, 45
Chakra do Vórtice Causal (Galáctico), 44, 48
Chakras
    Alta-Maior (Ascensão), 44, 48
    Base 44, 45
    Vórtice Causal (Galáctico), 44, 48
    Coroa, 44, 47
    Dan-tien, 44, 45
    Estela da Terra, 43, 44
    Corpo emocional, 49
    Portal de Gaia, 43, 44
    Coração, 44, 46
    Semente do Coração, 44, 46
    Coração Superior (Timo), 44, 46
    Corpo kármico, 49
    Joelhos, 44, 45
    Corpo de luz, 49
    Corpo mental, 49
    Palmas, 44, 48
    Vidas passadas, 44, 47
    Corpo físico-etérico, 49
    Corpo planetário, 49
    Sacro, 44, 45
    Plexo Solar, 44, 45
    Soma, 44, 47
    Estrela da Alma, 44, 47
    Corpo espiritual, 49
    Esplênico, 44, 46
    Portal Estelar, 44, 48
    Terceiro Olho (testa), 44, 47
    Garganta, 44, 46-47
Chakras, equilíbrio dos, 126-127
Chamuel (arcanjo), 153
Cianita Azul 89
Círculo, 14-15
Citrino, 19, 71
Clareza mental, 134-135
Comunicação com os anjos, 150-152
Coração, Chakra do, 44, 46
Coração e sistema imunológico, 124-125
Coração Superior, chakra do (Timo), 44, 46
Coral, 121
Cores
    chakras e, 44
    cores elementares, 156
    cristais tingidos 19
    dos arcanjos, 153
    efeito das 19-20
    naturais 19
Cornalina, 145
Coroa, chakra da, 44, 47
Corpo (o), 72-73
Corpo kármico, 49
Corpo de luz, 49
Corpo emocional, 49
Corpo espiritual, 49
Corpo físico-etérico, 49
Corpo mental, 49
Corpo planetário, 49
Crianças, 168-169
Criatividade e fertilidade, 136-137
Crisotila, 97
Cristais alquímicos, 19
Cristais amarelos, 21
Cristais
    Ágata de Fogo (Fogo), 93
    Água-marinha (Água), 93
    Amazonita, 121
    Ametista (Ar), 19, 93, 161
    Ametista Brandenberg, 161
    Anandalita®, 85
    Auralita 23, 85
    Aventurina Verde, 145
    Berço da Vida (Espécie Humana), 103
    Celestita, 149
    Cianita Azul, 89

Citrino, 19, 71
Coral, 121
Cornalina, 145
Crisotila, 97
Diamante de Herkimer, 149
Diamante de Herkimer
 Enfumaçado, 89
forma tetragonal, 24
Hematita, 97
Jaspe Mocaita, 121
 Vermelho, 71
Labradorita, 149
Lápis-Lazúli, 97
Larimar, 89
Malaquita, 85
Menalita, 103
Moldavita, 97
Olho da Tempestade (Jaspe
 da Judy), 103
Pederneira, 145
Pedra Azul Preseli, 161
Pedra do Sol, 71, 121
Pietersita, 145
Quartzo Aura Rosa, 167
Quartzo Enfumaçado, 19, 20, 71
Quartzo Rosa, 85
Quartzo Transparente, 89
Rodocrosita, 167
Rodonita, 167
seleção 27
Selenita, 167
Semente Lemuriana, 149
sistema triclínico, 24
Sugilita, 167
tamanhos, 30
Tanzanita, 19, 161
Turmalina Negra (Terra), 93
Turquesa, 21, 103
Variscita, 161
Cristais autocurados, 27

Cristais azuis, 21
Cristais brancos, 21
Cristais cinza-prateados, 20
Cristais cor de pêssego 21
Cristais cor-de-rosa, 21
Cristais de duas ou várias cores, 21
Cristais dourados, 20
Cristais índigo, 21
Cristais lascados, 27
Cristais lavanda, 21
Cristais lilases, 21
Cristais magenta, 21
Cristais marrons, 20
Cristais negros, 20
Cristais roxos, 21
Cristais transparentes, 21
Cristais verde-azulados, 21
Cristais verdes, 21
Cristais vermelhos, 20
Cubo, 15, 16, 17, 62
Cubo de Metatron, 14, 82-84, 142
Cuidado com os cristais
 essência, 29
 limpeza inicial, 28
 recarga 29
 spray de limpeza e recarga, 29

D

Dan-tien, chakra, 44, 45
Desafio de cura, 33
Diamante de Herkimer, 149
Diamante de Herkimer Enfumaçado, 89
Diamante de Herkimer Transparente, 149
Dor de cabeça, cura para, 132-133
Dragões cósmicos, 157
Dragões da Água, 157
Dragões da Terra, 157
Dragões de Fogo, 157
Dragões de Metal, 157

Dragões do Ar, 157
Drusa, forma de, 25
Dupla terminação, forma em, 25

E

Eastwood, Michael, 30
Efeito energético
 Espiral múltipla, 98
 Flor da Vida, A 78
 Merkabah (Estrela Tetraédrica), 86
 Raio Solar, 68
 Triângulo, 56
 Zigue-Zague, 64
Einstein, Albert, 19
Elemento "Éter", 156
Elemento Água, 156
Elemento Ar, 156
Elemento Fogo, 156
Elemento Metal, 156
Elemento Terra, 156
elestial, forma, 25
eletromagnética, purificação, 122-123
Esfera, 15
Esfera (forma de), 24
Esfera Tripla (O *Triskelion*), 100-102, 178
Espirais, 15, 16, 18, 66-67, 98-99, 100-102, 140, 178
Espiral múltipla, 98-99
Esplênico, chakra, 44, 46
Estrela, 150
Estrela da Alma, chakra, 44, 47
Estrela da Terra, chakra da, 43, 44
Estrela de David Dupla, 90
Estrela de doze pontas (Merkabah Duplo), 14, 90-92, 150
Euclides, 15
Expansão espiritual: para encontrar um mentor dragão, 154-157

ÍNDICE EM ORDEM ALFABÉTICA | 189

F

Facetada, forma, 25
Fantasma, forma 25
Feng Shui, 34
Flor da Vida, 12-14, 76-79, 162, 164
Flor da Vida com bordas, 78
Flor da Vida sem bordas, 12, 78
Forma Tetragonal, 24
Formas dos cristais
    bruto, 25
    cetro, 25
    com facetas, 25
    drusa, 25
    dupla terminação, 25
    elestial, 25
    esfera, 24
    externo 22
    fantasma, 25
    geodo, 25
    gerador, 25
    interno 22
    malha, 22, 24
    manifestação, 25
    ovo, 25
    palmstone, 25
    pirâmide, 25
    ponta, 25
    quadrado, 25
    rolado, 25
    sistema amorfo, 24
    sistema isométrico, 24
    sistema monoclínico, 24
    sistema orgânico, 24
    sistema ortorrômbico, 24
    sistema trigonal, 24
    varinha, 25
Fruto da Vida, 13, 168

G

Gabriel (arcanjo), 153
Garganta, chakra da, 44, 46-47
Geodo, forma de, 25
Gerador, forma de, 25
Grades
    alinhamento, 35
    ativação 39
    definição de 7
    desafio de cura, 33
    desmontagem 39
    personalizadas, 40
    intenção, 8
    introdução às 7
    intuição 8
    kits básicos, 30
    manutenção 39
    montagem 36-38
    pedras de aterramento, 35
    perímetro, 35
    propósito, 7-8
    seleção da localização, 33
    seleção do modelo, 35
    seleção dos cristais, 27
    verificação 39

H

Haniel (arcanjo), 153
Hematita, 97
Hexaedro, 13
Hexagrama, 15, 60-61, 128, 158, 180
Hexagrama infinito, 94-96, 158
Hexagrama unicursal, 60, 122-123
Howlita, 19

I

Icosaedro 13, 16, 17
Intenção, 8
Intuição, 8

J

Jaspe Mocaita, 121
Jaspe Vermelho, 71
Jeremiel (arcanjo), 153
Joelhos, chakra dos, 44, 45
Jophiel (arcanjo), 153

L

Labirinto, o 106-109, 146
Labradorita, 149
Lápis-Lazúli, 97
Larimar, 89
Lemniscata (∞), 54-55, 116, 125
Lemniscata simplificada, 54, 55
Leonardo de Pisa, 18
Liber Abaci (Leonardo de Pisa), 18
Lúcifer (arcanjo), 153

M

Malaquita, 85
Manifestação, forma de 25
Mapa, grade sobre um, 180-181
Meditação do eu interior, 146-148
Melchizedek (arcanjo), 153
Melchizedek, Drunvalo, 7, 11
Menalita, 103
Mentores dragões, 154-157
Merkabah (Estrela Tetraédrica), 14, 86-88, 118, 131
Merkabah Duplo, 15, 90
Merkabah Tridimensional, 86
Metatron (arcanjo), 153
Miguel (arcanjo), 153
Moldavita, 97
Moon, Robert, 16

O

Octaedro, 13, 16, 17
Olho da Tempestade (Jaspe da Judy), 103
Olho do Dragão (Tetraedro), 104-105, 154
Olho do Dragão Isósceles, 104
Ovo, forma de, 25

P

Palmas, chakra das, 44, 48
Palmstone, forma de 25
Paralelograma, 62

Pauling, Linus, 22
Pederneira, 145
Pedra Azul Preseli, 161
Pedra do Sol, 71, 121
Pentáculo, 15
Pentágono, 15
Pentagrama (Estrela de Cinco Pontas), 58-59
Pentagrama em pé, 58
Pentagrama invertido, 58
Pessoa para Pessoa (De), 174-175
Pietersita, 145
Pirâmide, forma de, 15, 25
Pirâmide ampliada, 104
Pirâmide de três lados, 104
Pitágoras, 22
Plexo Solar, chakra do 44, 45
Ponta, forma de, 25
Portal de Gaia, chakra, 43, 44
Portal Estelar, chakra, 44, 48
Proporção Áurea, espiral da, 18, 66
Proteção instantânea, 114
Psoas, para relaxar o músculo, 112

Q

Quadrado, 15, 25, 62-63, 114, 134, 172
Quadrado Expandido, 134
Quartzo, 19, 89
Quartzo Aura Rosa, 167
Quartzo Enfumaçado, 19, 20, 71
Quartzo Rosa, 85
Quartzo Transparente, 89

R

Radiestesia, 31-32
Radiestesia com os dedos, 32
Radiestesia com o pêndulo, 31-32
Rafael (arcanjo), 153
Raguel (arcanjo), 153
Raio Solar, 68-70, 132, 174
Raio Solar assimétrico, 68
Raio Solar simétrico, 68
Raio Solar pela metade, 132
Rawles, Bruce, 7
Raziel (arcanjo), 153
Reenergização do corpo, 118-120
Relacionamentos harmoniosos, 170-171
Retângulo, 62
Rodocrosita, 167
Rodonita, 167
Rolada, Forma, 25

S

Sandalphon (arcanjo), 153
Selenita, 167
Semente da Vida, 14, 78, 136
Semente do Coração, chakra da, 44, 46
Semente Lemuriana, 149
Série Fibonacci, 18
Shungita, 20
Sistema isométrico, 24
Sistema monoclínico, 24
Sistema ortorrômbico, 24
Sistema triclínico, 24
Sistema trigonal, 24
Sistemas amorfos, 24
Sistemas orgânicos, 24
Situacional, 178-179
Sólidos platônicos, 16-17
Soma, chakra, 44, 47
Spray para limpar e recarregar cristais, 29
Sugilita, 167
Supercristais Raio Solar: O antídoto contra a depressão, 128-129

T

Tanzanita, 19, 161
Terceiro Olho (testa), chakra do, 44, 47
Tetraedro, 13, 14, 16, 17, 104-105, 154
Tingidos, cristais, 19
Toro, 18
Tranquilidade, 162-163
Triângulo de Ouro, 56
Triângulo de Ouro invertido, 112
Triângulo equilátero, 56
Triângulo escaleno, 56
Triangulo isósceles, 56
Triângulo *Tetraktys*, 56, 57
Triângulo, 15-16, 56-57
Turmalina Paraíba, 19
Turmalina Negra (Terra), 93
Turquesa, 21, 103

U

Uriel (arcanjo), 153

V

Varinha, forma de 25
Variscita, 161
Vesica Piscis contínua, 52
Vesica Piscis extendida, 53
Vesica Piscis, 14-15, 52-53, 170
Vidas Passadas, chakra das, 47
Vidas Passadas, grade das 158-16

Z

Zadkiel (arcanjo), 153
Zigue-Zague, 64-65
Zigue-Zague duplo, 64